VELAS MÁGICAS
para principiantes

Richard Webster es autor de veintiocho libros publicados por Llewellyn durante la década pasada, además de muchos publicados en Nueva Zelanda y otras partes. Reside en Nueva Zelanda, y viaja frecuentemente dirigiendo talleres, seminarios y conferencias sobre los temas que escribe.

VELAS MÁGICAS
para principiantes

Richard Webster

Traducción al idioma español:
Héctor Ramírez y Edgar Rojas

Llewellyn Español
St. Paul, Minnesota, U.S.A.

PRIMERA EDICIÓN
Primera impresión, 2005

Coordinación y Edición: Edgar Rojas
Cubierta: Candle Image © Thinkstock LLC / Index Stock
Dibujos y arte interior: Llewellyn Art Department
Diseño de la portada: Lisa Novak
Diseño interior: Connie Hill
Título original: *Candle Magic for Beginners*

Library of Congress Cataloging-in-Publication Data
Biblioteca del Congreso. Información sobre esta publicación.

ISBN: 0-7387-0647-7

Llewellyn Español
Una división de Llewellyn Worldwide, Ltd.
P.O. Box 64383, Dept. 0-7387-0647-7
St. Paul, MN 55164-0383, U.S.A.
www.llewellynespanol.com

Impreso en los Estados Unidos de América

Dedicación

Para mis buenos amigos
Erskine y Charlotte Payton

Contenido

	Introducción	ix
Uno	¿Qué es la magia con velas?	1
Dos	Velas y otros implementos	7
Tres	Colores	23
Cuatro	Magia con una sola vela	37
Cinco	Cómo preparar las velas	55
Seis	Tiempo apropiado	63
Siete	Fragancias	83
Ocho	Numerología y velas	91
Nueve	Los cinco elementos	111
Diez	Alfabetos mágicos	123
Once	Cuadrados mágicos	129
Doce	Curación con velas	143
Trece	Adivinación con velas	165
Catorce	Rituales con velas	173
Quince	Cómo fabricar sus propias velas	205
	Conclusión	215
Apéndice A	Elementos y signos para los años 1900–2008	219
Apéndice B	Alfabetos mágicos	225
Apéndice C	Horas planetarias	227
	Notas	229
	Lecturas sugeridas	233
	Índice	237

Introducción

Mi inicio en la magia con velas sucedió cuando tenía dieciséis años de edad. En ese entonces le comenté un problema que tenía a un amigo del colegio, y recibí una respuesta inesperada. Él me sugirió que prendiera algunas velas. Su madre practicaba la magia con velas y él había aprendido los fundamentos de este arte. Mi amigo me guió a través de un corto ritual, y a pesar de mi escepticismo, el problema que tenía desapareció. Aún no estaba muy convencido de que encendiendo velas había resuelto la situación, pero quedé fascinado y desde entonces he estado explorando el tema. A través de los años he empleado la magia con velas como una ayuda para solucionar diversas dificultades y lograr muchos objetivos. Me he beneficiado enormemente de esta clase de magia, incluso en ocasiones en que la ayuda ha llegado de formas inesperadas.

No es sorprendente que la magia con velas sea tan popular, pues hay algo especial en cuanto a encender una vela y observarla ardiendo. La gente siempre ha estado fascinada con el fuego, y no es extraño que alrededor del mundo hayan usado la llama como un acompañamiento de la oración y la magia durante miles de años. Los pueblos primitivos danzaban y cantaban alrededor del fuego para invocar a los espíritus. Incluso actualmente, el cristianismo, judaísmo e hinduismo aún asocian el fuego con la divinidad.

Antes que inventaran las velas, las personas usaban pequeñas lámparas de petróleo, llamadas lámparas votivas, cuando oraban y hacían ofrendas a los dioses. Las velas de cera de abejas fueron utilizadas en Egipto y Creta desde el año 3000 a. C., y ayudaban a la gente a enviar sus oraciones a Dios.[1] Pinturas de velas cónicas sobre platillos pueden ser encontradas en las paredes de tumbas en Tebas. Los antiguos romanos usaban velas y cirios hechos de cera y sebo.

Se cree que el rey Alfredo el Grande (849–899) empleaba velas para medir el tiempo. Estas duraban prendidas exactamente cuatro horas, y eran puestas en un farol especial en forma de cuerno que las protegía de ser apagadas por una corriente de aire.[2]

En el siglo XIII los gremios fueron establecidos, y los fabricantes de velas vendían su mercancía puerta a puerta. En 1292, 71 fabricantes de velas fueron incluidos en una lista de impuestos de París.[3] Debido a que en la Edad Media las velas de cera eran muy costosas, usualmente se encontraban sólo en monasterios, iglesias y casas de gente adinerada.[4]

Los pobres tenían que usar velas con pabilo de junco, de mal olor, hechas metiendo juncos en grasa de cocina sobrante.

En tiempos coloniales en América, las amas de casa hacían velas en el otoño. Barras, que contenían una serie de mechas, eran sumergidas repetidamente en una olla llena de agua hirviente y sebo derretido hasta que las velas alcanzaban el espesor deseado. Este trabajo tomaba todo un día.

Hasta la llegada del siglo XIX, la gente estaba limitada a velas de sebo y cera de abejas. Sin embargo, a lo largo de este siglo hubo muchos avances. En 1811, Michel-Eugène Chevreul, un químico francés, descubrió el proceso de la estearina cuando separó el ácido graso de la glicerina del sebo. Esto le permitió la producción de velas de ácido esteárico, muy superior a las tradicionales. Estas velas eran más duras que las de sebo y duraban mucho más tiempo. También producían una luz más brillante al arder.

Los fabricantes descubrieron que el espermaceti, sacado del esperma de la ballena, servía para hacer excelentes velas que producían una luz muy brillante, pero ya no son elaboradas porque las ballenas son animales protegidos. En 1850, el doctor James Young patentó un proceso que extraía cera de parafina de petróleo crudo. Las velas de parafina eran más baratas que las de espermaceti o cera de abejas, y producían la misma luz. Siguen siendo fabricadas en la actualidad.

Otro avance importante del siglo XIX fue el invento de máquinas moldeadoras de velas, que les permitió a los fabricantes producir velas con mayor eficiencia y a menos costo que antes. Esto significó que incluso los más pobres podrían comprarlas.

Hoy día las velas son usadas principalmente para decoración y celebraciones. Su fabricación es un hobby popular, y hay un creciente interés en el antiguo arte de la magia con velas.

No es extraño que haya mucho folklore asociado con las velas. Quizás el aspecto popular más importante tiene que ver con el simbolismo que hay al soplar las velas de un pastel de cumpleaños. En este ritual el énfasis ya no se enfoca en las velas, y toda la atención es dirigida a la respiración. Esto significa que la respiración (vida) continúa más allá de todos los años indicados por las velas.

La celebración de la Candelaria conmemora la purificación de María, que ocurrió cuando llevó al templo a su pequeño hijo, Jesús, y le dijeron que él sería la luz del mundo. Febrero 2 es cuarenta días después de Navidad, el tiempo asignado en la ley judía para que una mujer sea considerada purificada después de parir un hijo. Por consiguiente, la Candelaria significa limpieza y purificación, además del retorno de la luz después de la oscuridad del invierno. La Candelaria cristiana se deriva de un antiguo ritual romano en el que las mujeres portaban velas para honrar a Juno Februata, la madre virgen de Marte, el 2 de febrero. Este ritual simboliza vida nueva, y promete el regreso de la primavera y lo que ella implica para el bienestar de todos. Los cristianos escogieron deliberadamente este día para la Candelaria. El papa Sergio cambió el nombre del día para "deshacer este mal uso y costumbre, y lo convirtió en la adoración de Dios y de nuestra Señora".[5]

La fiesta de Santa Brígida, la diosa céltica, es celebrada el 1 ó 2 de febrero, al igual que el Imbolg, uno de los cuatro aquelarres. (Los otros son Roodmas en abril 30, Lammas en agosto 1, y Samhain, o Halloween, en octubre 31). Las velas están incluidas en cada una de estas celebraciones.

La luz de la vela siempre ha sido considerada un símbolo de iluminación espiritual, comparada con la oscuridad que simboliza ignorancia. Por consiguiente, en la tradición cristiana, una vela puede representar a Cristo, fe y testimonio. Las velas son usadas en la iglesia católica como símbolos de luz y fe.

La vela también puede ser considerada como una metáfora del corto tiempo de nuestra vida y lo fácil que ésta puede ser apagada. En pinturas religiosas, una vela a menudo simboliza el alma humana.

Solía pensarse que cuando una vela se apagaba durante un servicio religioso, era una señal de que espíritus malignos estaban cerca. Estos espíritus prefieren la oscuridad, y las velas jugaban un papel importante al mantenerlos a distancia. También eran encendidas cuando alguien estaba agonizando, para evitar que espíritus malignos se apoderaran del alma de la persona.

En el Norte de Inglaterra, las velas aún son usadas en los encantos de amor. En uno de ellos, dos alfileres son introducidos en una vela; se cree que el amor de la persona llegará cuando la vela se haya consumido hasta los alfileres.

Durante la fiesta de luces judía (Hanukkah), una vela es encendida en la primera noche, dos en la segunda, tres en la tercera, y así sucesivamente hasta la octava noche. Las velas significan que la fe judía es inextinguible y siempre creciente. El Hanukkah es una práctica judía que conmemora la rededicación del segundo templo de Salomón en Jerusalén en el año 165 a. C. Había sido destruido tres años atrás por el rey sirio Antíoco IV Epífanes, quien trató de destruir la religión judía.

Una tradición judía popular en épocas medievales era prender una vela antes del Yom Kippur, el día de propiciación. Este era el tiempo en que Dios decidía el destino de todos en los siguientes doce meses. Si la vela se apagaba, indicaba que la persona no viviría lo suficiente para ver el siguiente día de propiciación. Si se consumía completamente, significaba que la persona estaría viva al menos otro año.

Las abejas eran consideradas mensajeras de los dioses, y las velas de cera de abejas se usaban en iglesias debido a su estrecha relación con el cielo.

La fascinación hipnótica que produce la llama, da una pista de por qué la gente empezó a prender velas para propósitos mágicos. La llama trémula parece encender algo que está en lo profundo de nosotros y nos conecta con toda la humanidad y el infinito. La vida, muerte y renacimiento son revelados por una vela. La relación entre el alma humana y una sola vela prendida en la oscuridad, les recuerda a las personas el poder del espíritu humano, y cómo éste puede convertir la oscuridad en luz. El propósito de este libro es ver cómo podemos usar las velas para lograr nuestros objetivos y convertir en luz la oscuridad.

Uno
¿Qué es magia con velas?

Según el diccionario de la Lengua Española, la magia es el arte de lograr un resultado deseado mediante el uso de ciertas técnicas misteriosas, tales como conjuros o ceremonias. Aleister Crowley, el famoso mago del siglo XX, definió la magia como "la ciencia y el arte de hacer que ocurra un cambio en conformidad con la Voluntad divina".[1] Una de las definiciones que prefiero es la de Florence Farr, una figura importante de la orden del Golden Dawn: "la magia consiste en quitar las limitaciones de lo que pensamos que son las leyes terrenales y espirituales que nos atan o compelen; podemos hacer cualquier cosa porque somos todo".[2] Particularmente me gusta la frase "podemos hacer cualquier cosa", pues la magia nos permite vencer obstáculos aparentemente insuperables y atraer lo que deseamos.

Hay muchas formas de magia, algunas de ellas muy difíciles de dominar. La magia con velas tiene una gran ventaja sobre prácticamente todas las otras artes mágicas porque es sencilla y directa. No tenemos que recordar los 365 nombres de Dios, por ejemplo. En su enfoque más básico, podemos encender una vela y pensar en algo que deseamos. Naturalmente, se necesita mucho más que eso, y los rituales deben ser hechos en forma apropiada para que sean efectivos. Sin embargo, la magia con velas sobresale entre las artes mágicas por su facilidad y eficacia.

Las siguientes son algunas de las ventajas que tiene sobre otras formas de magia:

- Los rituales son sencillos, pero efectivos.
- Los costos son mínimos, y los elementos necesarios pueden ser hechos o comprados en cualquier parte.
- No hay necesidad de togas especiales o ceremonias complicadas.
- Los rituales pueden ser realizados en cualquier parte, en casa o al aire libre.
- No se requieren años de preparación; podemos comenzar en seguida, y la experiencia se presenta de inmediato.
- La magia con velas es muy versátil; los rituales pueden ser usados para atraer, repeler, proteger, y adivinar el futuro.

Podría quedar sorprendido al enterarse de que ha estado practicando magia con velas desde que era un niño.

Pensar en un deseo mientras apagaba las velas el día de su cumpleaños, es un buen ejemplo de este tipo de magia. Primero se concentraba, y luego pedía el deseo mentalmente. Su mente subconsciente recibía esta petición y hacía que el deseo se volviera realidad.

Muchas personas hacen magia con velas inconscientemente. Una buena amiga mía enciende velas todos los domingos en la noche mientras escribe en su diario. Este es un rato de tranquilidad especial para ella, y lo espera con ilusión toda la semana. Tiene un gran surtido de velas y escoge las que le atraen en el momento. De algún modo, aunque no sabe nada sobre el tema, siempre elige las velas que se relacionan con lo que está sucediendo en su vida.

Nuestros antiguos vecinos solían prender una vela de cera de abejas en su alcoba por una o dos horas todas las noches antes de acostarse. Creían que les ayudaba a dormir mejor, y también les facilitaba recordar sueños útiles. Curiosamente, mis amigos en Pheylonian Beeswax Candles, en Canadá, me dijeron que las velas de cera de abejas producen iones negativos que ayudan a crear un ambiente equilibrado.[3] Por consiguiente a la vez que mis vecinos creían que estaban haciendo una forma de magia, sus velas creaban un ambiente más armonioso y acogedor. No es extraño que durmieran tan bien.

Yo por mi parte, he encendido velas con propósitos específicos cuando recibo personas en casa. Si hubieran pensado en ello, mis invitados habrían supuesto que yo usaba las velas para ambiente y decoración, y no para un propósito mágico.

Las velas son increíblemente reconfortantes, incluso cuando son usadas sólo para decorar la mesa del comedor. Hay algo en el ambiente romántico que crean, que las hace ver mágicas y estimulantes. Las velas generan calor, luz y sentimientos de alegría. Al observar fijamente una llama, vemos cómo se inició la magia con velas.

Las iglesias católica romana, griega ortodoxa y rusa ortodoxa encienden velas al hacer peticiones. Los paganos también lo hacían por las mismas razones. La magia con velas ha sido usada por personas de todas las religiones, y por aquellas que no profesan ninguna, para producir un cambio y lograr que sus deseos se hagan realidad.

Prender velas es una cosa, pero otra es hacerlo para lograr un resultado deseado. Las velas que son encendidas con un propósito específico se convierten en herramientas poderosas que nos permiten hacer magia verdadera. Esto se debe a que la persona que hace la petición se concentra en el resultado deseado, lo cual transmite subconscientemente el deseo a la vela. Mientras ésta arde, la petición es enviada al universo, donde será manifestada. La vela es, en realidad, la conexión entre la mente de la persona que hace la petición, y la mente universal, quien sea o lo que sea que percibamos como tal. La mente universal es de naturaleza espiritual. La vela es materia sólida que se transmuta en espíritu mientras arde. Esto, junto con el propósito, crea una magia increíblemente poderosa.

Es interesante observar que los cuatro elementos siempre han estado involucrados en la magia con velas. Una vela apagada representa al elemento tierra. Sin embargo, cuando es puesta en contacto con el fuego, empieza a derretirse, creando cera líquida (que simboliza agua) y humo (aire). Los rosacruces eran conocidos como "filósofos del fuego". Usaban el fuego para simbolizar la transmutación, porque cuando una vela es prendida, crea luz.[4]

Sobra decir que la magia con velas debe ser empleada sólo para el bien. El karma sigue la ley de causa y efecto. Cualquier acto bueno que hacemos, aumenta el karma bueno o positivo. Los actos malos alimentan el karma malo o negativo que será compensado tarde o temprano. Por consiguiente, es de vital importancia que desarrollemos cualquier tipo de magia con motivos puros; no debe perjudicar a nadie.

La magia con velas involucra varios factores:

- Debemos tener en mente un propósito, deseo o necesidad. Tenemos que estar concentrados en nuestro objetivo mientras desarrollamos todos estos pasos.
- Como en todos los tipos de magia, debe haber un compromiso emocional.
- Debemos escoger la vela o velas correctas.
- Debemos revestir la vela.
- Hay que consagrar la vela.
- Debemos prender la vela. Usualmente esto se hace en un ritual que ayuda a enviar al universo las energías deseadas.
- Es crucial creer en el poder de nuestra magia, y esperar con ilusión el resultado deseado.
- No podemos esperar que el ritual con velas haga todo por nosotros. Debemos hacer lo necesario para que nuestro deseo se manifieste, y esto por lo general implica trabajo. Si el hechizo es para encontrar

una nueva pareja, por ejemplo, tenemos que hacer nuestra parte yendo a lugares donde es probable que conozcamos a esa persona. Hacer un hechizo y luego quedarse en casa no funcionará.

Cubriremos todos estos factores en los capítulos siguientes. No obstante, para empezar, necesitamos ver los elementos requeridos para hacer magia con velas. Ese es el tema de la siguiente sección.

Dos

Velas y otros implementos

Obviamente, necesitamos al menos una vela para desarrollar la magia. Hay muchos tipos de velas para escoger, y por lo general, la preferencia personal es el factor más importante. A través de los años he realizado esta forma de magia con un gran número de diferentes clases de velas.

Una de las experiencias más exitosas que he tenido en este arte mágico, involucraba una vela que tenía la forma de un popular personaje de tira cómica. Nos encontrábamos en una cabaña durante las vacaciones de verano, y esta era la única vela que había en la casa. Tuve dudas respecto a usarla, pero los resultados superaron todas mis expectativas. La experiencia me enseñó que cualquier vela funciona, siempre y cuando el propósito y el deseo sean lo suficientemente fuertes.

Clases de velas

Hay dos materiales que se usan más comúnmente en la fabricación de velas:

Velas de cera de abejas

Estas velas son hechas enrollando una hoja de cera de abejas en una mecha. Al ser prendidas, estas velas producen una especie de halo que se ve como un brillo dorado alrededor de la llama. Esto es en realidad una bola de calor, porque las velas de cera de abejas arden mucho más caliente que las de parafina. Muchas personas prefieren usar las velas de cera de abejas en lugar de otros tipos, porque dicha cera es un combustible puro y natural, y produce iones negativos beneficiosos. También tienen un agradable olor natural.

Velas de parafina

Hoy en día la mayoría de velas disponibles son fabricadas de cera de parafina. Ésta, derivada del residuo del petróleo, puede ser blanqueada y luego teñida en diferentes colores. Con frecuencia también se le adicionan aromas.

Velas para propósitos especiales

Tres tipos principales de velas pueden ser usados en este arte mágico: velas de altar, astrales y de ofertorio. Además, hay disponible una variedad de velas para diferentes propósitos.

Velas de altar

Estas velas no son esenciales para la magia, pero se usan porque simbolizan las deidades o energías universales con las que nos comunicamos. Pueden ser de cualquier tamaño o forma, pero usualmente son largas y delgadas. Por lo general son más largas que las otras velas en el ritual, y casi siempre tienen color blanco. Son ubicadas a cada lado del altar, y deben ser puestas con un grado de reverencia, pues representan las fuerzas que estamos contactando. La vela de altar a nuestra derecha, mirando hacia el altar, simboliza energías masculinas, y la vela a nuestra izquierda representa las energías femeninas. Las velas de altar son las primeras en ser encendidas y las últimas en ser apagadas al desarrollar un trabajo mágico.

Velas de arcángeles

Son prendidas para tener protección de los arcángeles. Una azul o dorada representa al arcángel Miguel y es encendida para protegerse de ataques físicos, mentales, emocionales o psíquicos. La verde o rosada simboliza a Rafael y se usa para transmitir energías curativas al cuerpo, la mente y el espíritu. La de color índigo o blanco simboliza a Gabriel y es prendida para obtener dirección y sabiduría. La dorada o morada representa a Uriel y se emplea para tener paz, tranquilidad, y estar libre del temor.

Velas astrales

Simbolizan a las personas involucradas en el hechizo o ritual. Naturalmente, una de ellas nos representa, y las otras pueden simbolizar al resto de personas. Las velas astrales varían de color, dependiendo del signo del horóscopo u otros detalles de la persona que representan. Un nativo del signo Aries, por ejemplo, sería representado por una vela roja. Si no sabemos cuál es el signo de la persona, podemos usar una blanca o de cualquier color que nos parezca apropiado para representarla. Las velas astrales escogidas por el signo de alguien también son conocidas como velas zodiacales.

Velas en forma de gato

Son prendidas para proteger a mujeres embarazadas. También se usan para ayudar a que los deseos se hagan realidad. Las velas negras en forma de gato son encendidas para aumentar la energía y potencia de cualquier hechizo.

Velas en forma de cruz

Son prendidas para brindar protección. También suelen ser usadas como velas de altar. Las velas en forma de cruz pueden emplearse para simbolizar ángeles protectores que cuidan nuestra casa y familia. Una vela es prendida cada día durante una semana, y el color de la misma es determinado por el día de la semana:

Lunes: Blanco
Martes: Rojo
Miércoles: Naranja
Jueves: Azul
Viernes: Verde
Sábado: Negro
Domingo: Amarillo

Velas en forma de bolas

Estas velas son hechas con siete bolas de cera, una sobre otra, con una sola mecha. Una bola es prendida cada día durante siete días, mientras la persona que la enciende piensa en su objetivo. A veces son llamadas velas de deseos. Se encuentran en cualquier color, dependiendo del propósito específico. El color más popular es el blanco. Las velas de bolas blancas son encendidas para obtener protección para nosotros y nuestros seres queridos.

Velas lunares

Las velas lunares usualmente tienen forma de luna. Sin embargo, cualquier vela con la imagen de una luna puede ser llamada vela lunar. Son prendidas para aumentar el poder de la magia lunar, y usadas en rituales de la Diosa.

Velas de novena

Las velas de novena pueden ser compradas en tiendas de artículos religiosos. Son velas cilíndricas dentro de un vidrio resistente al calor, y duran prendidas siete días. Algunas son hechas para durar doce días, pero es mucho más común la de siete días. Una vela de novena sencilla no tiene marcas, y es la mejor elección para usar en magia. La vela de novena espiritual puede tener imágenes de santos y otras personas en el frente del recipiente de vidrio. Las oraciones y salmos a menudo están impresos en la parte de atrás. A veces encontramos velas de novena especiales, que son prendidas para un propósito específico que aparece en el recipiente de vidrio.

Velas de ofertorio

Las velas de ofertorio simbolizan lo que buscamos en el ritual. Varias de ellas pueden ser usadas en un solo hechizo. Sus colores se relacionan con el propósito para el que son utilizadas. Una vela anaranjada, por ejemplo, simboliza atracción, mientras una verde representa dinero. Si el propósito del hechizo es atraer dinero, hay que usar dos velas de ofertorio, una anaranjada y otra verde.

Velas de fallecimiento

Esta vela es encendida por tres días cuando alguien muere y puede ayudar a la persona a hacer la transición al otro mundo. También se cree que brindan paz y ayudan a los dolientes. Estas velas se remontan a los antiguos hebreos que las usaban para proteger a los moribundos. También eran prendidas durante una semana después de la muerte de la persona.[1] En la Irlanda moderna a menudo se colocan doce velas alrededor del ataúd para proteger del mal al difundo. A propósito, en ese país se considera de mala suerte encender tres velas en una habitación porque tradicionalmente se prenden tres en los velatorios irlandeses.

Velas fálicas

Las velas fálicas tienen forma de pene y son encendidas para brindar ayuda a lo que tenga que ver con la sexualidad masculina, por ejemplo la eyaculación precoz o la impotencia. También son usadas en rituales mágicos de fertilidad y sexo. (El equivalente femenino es la vela yoni).

Velas de protección

Son usadas para protegernos al desarrollar cualquier tipo de magia destructiva, tal como desterrar una enfermedad. Usualmente son blancas, y pueden tener cualquier tamaño o forma. Algunas velas de novena se utilizan como velas de protección, especialmente si la imagen sobre el vidrio es de un santo.

Velas en forma de cráneo

Estas velas tienen la forma de un cráneo humano, y son prendidas cuando es necesario entrar en la cabeza de alguien para inspirar un cambio. Las verdes aumentan la memoria y la retentiva, y también ayudan a personas con problemas mentales. Las rojas pueden ser usadas para animar a que alguien pierda el interés en uno. Las blancas son útiles para curación, ya que transmiten a la persona enferma pensamientos agradables de buena salud y bienestar.

Estas velas también representan burocracia. Si tenemos problemas con el gobierno local, por ejemplo, podemos prender una vela del color apropiado para estimularlos a que tengan en cuenta nuestros intereses.

Velas de vigilia

Esta vela es prendida por varios días, o incluso semanas, para brindar auxilio a quien lo necesite. Puede ser de gran ayuda para alguien que ha estado cerca de la muerte y se está recuperando de una enfermedad. Cuando la vela se ha consumido por completo, es reemplazada con una nueva.

Velas yoni

Estas velas tienen forma de vulva y son prendidas para ayudar en todo lo concerniente a la sexualidad femenina, por ejemplo el parto. También son usadas en rituales mágicos de fertilidad y sexo. (El equivalente masculino es la vela fálica).

Conservación de las velas

Es improbable que tengamos problemas si compramos velas de buena calidad. Sin embargo, cosas raras pueden ocurrir de vez en cuando.

Recuerde que las velas tienden a emitir más humo en una habitación pequeña. Esto se debe a que ellas necesitan respirar. Debe tener en cuenta esto al escoger el lugar apropiado para desarrollar el trabajo mágico. Las velas aromatizadas emiten más humo que las no aromatizadas —algo que debe considerar cuando las vaya a comprar—.

Si una vela produce más humo del que debería, apáguela y déjela enfriar. Luego corte la mecha a una altura de un cuarto de pulgada. Esto solucionará el problema. Nunca debe tratar de cortar la mecha mientras la vela está prendida. Busque sustancias extrañas en la cera derretida alrededor de la mecha, en caso de que sea la causa del excesivo humo.

Asegúrese de que las velas estén firmes y derechas en los candelabros, para evitar que la cera gotee sobre el altar. Las corrientes de aire también pueden hacer que las velas goteen, echen humo o ardan irregularmente.

Las velas arderán más tiempo si las refrigera durante una hora antes de hacer los rituales. Primero envuélvalas en plástico o papel aluminio para evitar que la mecha absorba humedad.

Apague las velas con un despabilador. También puede usar un objeto metálico, tal como una cuchara, para presionar suavemente la mecha en la cera derretida. Esto apaga la vela y elimina el humo.

Una vez que estén frías, guarde las velas en bolsas con cierre hermético. Esto ayuda a conservar el aroma y las protege del polvo. Las velas son el requisito más esencial en este tipo de magia, y es importante que sean tratadas con respeto y cuidadas adecuadamente.

No salga de la habitación mientras las velas estén prendidas. Tenga especial cuidado cuando los niños pequeños o mascotas se encuentren cerca. Recuerde que los recipientes de las velas pueden calentarse intensamente. Maneje todo con cuidado.

Candelabros

Escoja candelabros que le llamen la atención. Todos nos sentimos mejor cuando trabajamos con implementos atractivos. Yo prefiero los candelabros de latón porque son seguros y tienden a verse un poco anticuados. También uso una bandeja metálica sobre mi altar, por seguridad. También evito las plataformas de madera y vidrio. En dos ocasiones, mis candelabros de cristal se quebraron inesperadamente en pleno ritual, y esto pudo haber causado un incendio. Como resultado de estas experiencias, siempre tengo cautela cuando trabajo con fuego.

Despabiladores

En la magia con velas es tradicional que éstas no sean sopladas para apagarlas. Esto se debe a que se considera un insulto para la vela. No estoy de acuerdo con esta idea, y a veces soplo la vela intencionalmente, en especial si quiero transmitir su energía a alguien más. Por lo general uso un despabilador de latón. El despabilador da fuerza al ritual, pues sella nuestro propósito simbólicamente. Los despabiladores son baratos y pueden ser encontrados en tiendas de variedades. Yo encontré el mío en una tienda de antigüedades y aveces me pregunto si otros lo emplearon para propósitos mágicos.

Cuando es posible, dejo que las velas se consuman por completo. Esto es recomendable si la vela ha sido dedicada para un propósito específico. No obstante, con el agitado ritmo de vida actual, no siempre es práctico dejar una vela prendida durante varias horas. Por consiguiente, el despabilador es un implemento esencial.

Péndulo

El péndulo es una herramienta muy útil y puede ser usado para muchos propósitos en la magia con velas. Nos indica si debemos hacer o no un ritual en un tiempo específico. Brinda retroalimentación respondiendo a preguntas que surgen como cuáles velas usar. Hace unos días le pregunté a mi péndulo si debería inscribir un mensaje en una vela que pensaba usar. Me dio una respuesta positiva, pero me indicó que debía inscribir un mensaje diferente al que había planeado.

El péndulo es un pequeño peso atado a un hilo, cuerda o cadena. Una llave o un anillo atado a unas pulgadas de hilo funcionarán bien como un péndulo improvisado. Después de trabajar con el péndulo por un tiempo, puede conseguir uno fabricado como tal, y es fácilmente disponible en tiendas de cristales y de la Nueva Era.

Tome el hilo del péndulo, entre los dedos índice y pulgar, y deje que el peso cuelgue libremente. La mayoría de personas considera que tres pulgadas de hilo son suficientes. Experimente con ambas manos. Si es diestro, quizás tendrá mejores resultados con la mano derecha. Algunos prefieren usar la mano con la que no escriben. Yo encuentro útil apoyar el codo sobre una mesa cuando hago preguntas para eliminar movimientos accidentales que puedo hacer con mi brazo.

Detenga el movimiento del peso con su mano libre, luego pídale al péndulo que le responda "sí". Podría tomar un poco de tiempo para que el péndulo se mueva, pero en uno o dos minutos lo hará de atrás hacia adelante, de lado a lado, o tal vez de forma circular, en el sentido de las manecillas del reloj o al contrario.

Una vez que determine la respuesta positiva, detenga el movimiento del péndulo y pídale que le indique "no". Luego pídale que le muestre los movimientos de "no sé" y "no quiero responder".

Ahora haga preguntas que puedan ser contestadas con una de estas cuatro respuestas. Practique con frecuencia, así probará la precisión del péndulo. No haga preguntas frívolas. Si lo hace, es probable que reciba respuestas igualmente insustanciales. El péndulo es una herramienta mágica, y debe ser tratado con respeto. Mi libro, *Pendulum Magic for Beginners* (Llewellyn, 2002), trata a profundidad el tema.

El péndulo puede ser usado en todas las etapas de la magia con velas. Es de ayuda para escoger las velas apropiadas. Podemos probar el grado de energía en las velas después de haberlas revestido y cargado. Esto es importante si vamos a usar velas que fueron cargadas tiempo atrás. El péndulo sirve para establecer los tiempos indicados para desarrollar los rituales. Podemos evaluar la cantidad de poder y energía en nuestros rituales, y confirmar que hemos hecho el ritual correctamente.

Ahumar

La práctica de ahumar es un método chamánico para limpiar, purificar y bendecir un espacio, tal como el área alrededor del altar personal. Sin embargo, también podemos ahumar toda la casa, personas, animales y cualquier cosa que queramos.

La palabra *smudge* es un antiguo término inglés que describía el fuego humeante que era usado para quitar los insectos del ganado.

Un palito humeante contiene hierbas, especias o incienso atados en un pequeño haz que es encendido. El humo producido es esparcido en áreas que necesitan purificación.

Romero, salvia, lavanda, artemisa y ajenjo son hierbas populares para ahumar. Ate las hierbas con un hilo formando un pequeño haz de tal forma que se asemeje a un cigarro grande y grueso. Prenda un extremo y deje que se eleve el humo oloroso. Mueva el palito humeante hacia todos los lados para que el humo se esparza. También puede esparcirlo con una pluma o un abanico. No debe soplar, pues se cree que esto crea una oportunidad para que energías negativas entren en el humo.

También puede quemar las hierbas sueltas porque crea una mezcla muy caliente. Se requiere especial cuidado al usar un palito o haz humeante, y es esencial un recipiente incombustible. Un tazón cerámico con arena sirve para depositar el palito humeante después de terminar el trabajo. Recuerde que las hierbas siguen ardiendo en rescoldo después que el fuego ha sido apagado.

Ahumar el altar antes de usarlo es una excelente forma de enfocar la mente en el trabajo que estamos a punto de hacer. Muchos magos también rocían agua sobre el altar, creyendo que esto activa dicho espacio y concentra sus mentes.

Círculo

El círculo marca el perímetro del espacio sagrado donde desarrollaremos la magia con velas. Podemos indicar el círculo de muchas formas. La cinta pegante puesta en el suelo sirve para trazar un círculo de unos siete pies de diámetro. Podemos marcar un círculo blanco en una sábana obteniendo un efectivo círculo portátil. Como alternativa podría usar una alfombra circular. El altar, que es nuestra mesa de trabajo, es ubicado dentro del círculo.

Altar

El altar es un lugar sagrado donde podemos desarrollar la magia con velas. La mayoría de personas usan una mesa, una superficie plana de madera como altar improvisado, y no hay problema con esto. Durante años usé una mesa de baraja que era guardada en un closet cuando no la utilizaba. Sin embargo, hay beneficios al tener un lugar especial destinado sólo para los trabajos mágicos. Este es un espacio sagrado personal para oración, meditación, rituales y magia. La intención es la clave para toda magia, y esto también se aplica al altar mismo.

Si reservamos un espacio para la magia, con la intención de usarlo sólo para este propósito, desarrollará un carácter y espiritualidad propios. Cada vez que nos encontramos en este espacio, incluso si es un rincón de una habitación grande, inmediatamente nos sentimos centrados y fuertes.

El altar puede ser tan sofisticado o tan simple como queramos. Una mesa de té funciona bien. Muchos prefieren trabajar parados, y un aparador podría ser una mejor elección para ellas. Asegúrese de que el altar quede estéticamente agradable para usted. El único requerimiento esencial es una superficie plana para trabajar, lo cual significa que puede usar casi cualquier cosa que le llame la atención.

Es buena idea consagrar el altar ahumándolo, o bañándolo con la luz del Sol y la Luna. Para hacer esto, saque el altar en un día soleado, déjelo al aire libre algunas horas, y luego báñelo otras horas bajo la luz de una luna llena.

Algunas personas cubren el altar con una tela de seda blanca con diferentes adornos. Es importante que esta tela sólo sea utilizada para su propósito designado. Conozco personas que tienen telas de diversos colores y usan el color planetario correcto para el ritual particular que van a desarrollar. Sería ofensivo emplear estas telas planetarias como manteles. Muchos magos tienen mesas adicionales al lado del altar para poner elementos necesarios durante un ritual. Se puede usar una mesa lateral sólo si cabe cómodamente dentro del círculo.

Otros prefieren mantener objetos específicos sobre el altar. Athamés, cálices, incensarios, pentaclos, cristales y varitas mágicas son buenos ejemplos. Un libro de las sombras, cartas del tarot y otras herramientas de adivinación también se encuentran sobre el altar. Usted elige los objetos que desea colocar ahí. Yo uso una tela de altar, y sobre ella pongo sólo los objetos que son necesarios para el ritual que voy a desarrollar. Todo lo demás lo dejo fuera de la vista. Quizás esto se remonta a la época en que debía mantener en secreto mis intereses.

El altar debe ser ubicado de tal forma que uno mire hacia el Este al realizar el trabajo mágico. (Los magos en magia negra miran hacia el Oeste, pero en este libro sólo nos interesa la magia blanca). Algunos prefieren dirigirse hacia el Norte. Experimente y vea cuál dirección es mejor para usted.

Yo tengo mi altar en el borde del círculo, pero otros magos prefieren ubicarlo en el centro. De nuevo, esta es una elección personal y usted debe experimentar para escoger la que prefiere.

Aspectos de seguridad

Todo lo que tenga que ver con el fuego tiene la capacidad de ser peligroso. Es importante tener algo debajo de los candelabros para protección. Una bandeja metálica puede no lucir atractiva sobre un altar, pero es una pieza esencial del equipo de trabajo. También es buena idea tener un pequeño extintor.

Ahora que conoce las herramientas básicas de la magia con velas, podemos pasar a los colores. El color tiene un papel importante en la magia con velas, como lo verá en el siguiente capítulo.

"un embaldosado de zafiro" (Éxodo 25:11). El trono de Dios también estaba hecho de zafiro (Ezequiel 1:26). Se cree que las tablas que recibió Moisés en el monte Sinaí eran de piedra azul. Incluso hoy día, hay lugares donde este color es usado para desviar el mal de ojo. Sigue siendo considerado un color sumamente espiritual.

El azul también es muy protector. Encienda velas de este color si experimenta negatividad. También son útiles en deseos relacionados con viajes, avance, actividades creativas, o si necesitamos tiempo para contemplación. Prender una vela azul en la alcoba durante varios minutos antes de acostarnos, ayudará a tener un buen sueño nocturno. Apague la vela antes de acostarse.

Si ha visto la obra de Shakespeare, *Richard III*, puede recordar la escena donde el fantasma de Buckingham entra a una habitación iluminada con luz de vela azul. Existía la antigua creencia inglesa de que una vela ardiendo con llama azul traía mala suerte, y Shakespeare la usó para darle más fuerza a la escena. No tiene que ver con la magia con velas.

El azul también puede ser frío; el océano azul es frío y profundo. En Estados Unidos sentirse "blue" significa estar tristes. Experimentar un "blue Monday" (lunes, día triste por la necesidad de volver al trabajo), se extiende la frialdad hasta significar depresión o enfermedad.

Índigo

Planeta: Neptuno

Atribución del Golden Dawn: Saturno

Arcángel: Rafael

Palabra clave: Integridad, sabiduría

El índigo es tranquilizante, purificador, espiritual, muy intuitivo, humanitario, protector, considerado y solidario. También es práctico y hábil, y usa estas capacidades para ayudar a los demás. El servicio a la humanidad es un aspecto importante de este color.

Velas índigo auténticas son difíciles de encontrar, pero las de color azul oscuro las sustituyen eficazmente. Deben ser prendidas si la magia tiene que ver con ayudar a otros, especialmente miembros de la familia. También pueden ser usadas para desarrollar nuestro potencial psíquico.

Violeta

Planeta: Saturno

Atribución del Golden Dawn: Júpiter

Arcángel: Jofiel

Palabra clave: Inspiración, intuición

El violeta se relaciona con el yo superior, la intuición y los potenciales ilimitados. También tiene que ver con la filosofía, el crecimiento espiritual, la religión y lo oculto. Es inspirativo y estimula la intuición. Es el color de los místicos.

Personas con una gran cantidad de violeta en sus auras, son sensibles y sumamente conscientes. Necesitan mucho tiempo para estar solas.

Este es un color de mucha tranquilidad. Leonardo da Vinci escribió: "la meditación es diez veces mayor bajo una luz violeta, especialmente si pasa a través de los vitrales de una iglesia".[2] Se cree que Richard Wagner trabajaba en una habitación que tenía una gran cantidad de violeta, incluyendo las cortinas, cuando componía su música estimulante e inspirada espiritualmente.[3]

Las velas violetas o moradas deben ser usadas si la magia se relaciona con conocimiento, espiritualidad o desarrollo psíquico.

Además de los colores del arco iris, hay otros colores que probablemente se necesitarán en la magia con velas:

Rosado

El rosado tiene muchas de las cualidades del rojo, pero de forma más suave. Se relaciona con amor, afecto y cordialidad. Es protector, tranquilizante, compasivo y revitalizante.

Las velas rosadas deben ser utilizadas si la magia tiene que ver con amor, lealtad, integridad y buenas intenciones. Un uso interesante es prenderlas para estimular la autocuración y el amor propio. Todos necesitamos fortalecernos en ocasiones, y un ritual que incluya velas rosadas es necesario para restaurar la mente, el cuerpo y el alma.

Magenta

El magenta es la combinación del carmesí y el violeta. Por consiguiente, posee algunas de las cualidades del rojo y el violeta. Es un color importante para dejar atrás el pasado. Se relaciona con amor, belleza y dignidad —y también fortalece el aura—. Las velas magenta deben ser usadas si nuestros deseos tienen que ver con dejar atrás el pasado, problemas de autoestima, y confianza en sí mismo.

Café

El café se relaciona con la tierra. Por consiguiente, es asociado con seguridad, propiedades y bienes raíces. También está relacionado con el dolor. El café es confiable, cauteloso, estable, testarudo y servicial. Las velas de este color deben ser usadas si la magia involucra bienes raíces o tiene que ver con enmendar un error que hayamos cometido. Puede eliminar temores, tensiones, inquietudes e incertidumbres, pues fortalece y estabiliza las emociones. También se asocia con los animales. Por lo tanto, una vela café es buena elección cuando vamos a hacer algún tipo de magia curativa para una mascota u otro animal.

Blanco

Los tibetanos creían que los dioses eran blancos y los demonios negros.[4] El blanco es el color de la luz no refractada, y es considerado tan importante como el oro. Aarón, el sumo sacerdote, usaba togas blancas. Después, el blanco llegó a simbolizar la Resurrección, por eso en algunas partes del mundo se emplea en los funerales. Es un color puro, vibrante y enérgico. Se relaciona con pureza, inocencia y verdad. En Oriente, la flor de loto es considerada símbolo de inocencia, perfección y pureza. También es uno de los ocho emblemas del budismo, y no por coincidencia es blanco. Este color elimina sentimientos negativos y estimula un enfoque positivo de la vida. Aunque las velas blancas usualmente son prendidas para propósitos de purificación y protección, el blanco es excelente para cualquier propósito. Úselo cada vez que tenga dudas de cuál vela de color escoger, o le sea imposible conseguir el matiz que quiere.

Negro

Muchos consideran que el negro es un color negativo o siniestro. Sin embargo, también puede ser sofisticado, mundano y sorprendente. Se relaciona con secretos y protección. No debe usar velas negras si las considera malas o peligrosas. Ellas tienen un gran poder, y sirven para trabajos mágicos en que intentamos descubrir un secreto o determinar la verdad respecto a algo. También pueden emplearse cada vez que queramos expulsar energías negativas, tales como una enfermedad. No deben ser utilizadas por niños o personas afectadas emocionalmente. Esto se debe a que el negro contiene energías poderosas y deben ser manejadas con cuidado.

Plateado

El plateado se asocia con crecimiento interior, intuición, belleza y las artes. Debemos usar velas plateadas si la magia se relaciona con cualquiera de estos aspectos.

Dorado

El dorado es majestuoso, regio y poderoso. Los reyes usan coronas de oro, y halos dorados rodean la cabeza de los santos. Era sagrado para los mayas, los incas y los aztecas porque adoraban al Sol. Se relaciona con la riqueza, la prosperidad y la abundancia. Debemos escoger una vela dorada si la magia involucra empresas a gran escala, nuevas direcciones y oportunidades desafiantes.

Correspondencias de colores

La orden hermética del Golden Dawn fue establecida en Londres, en 1888, por el doctor Wynn Westcott, S. L. MacGregor Mathers, el doctor W. R. Woodman y el reverendo A. F. A. Woodford. Sus miembros incluían a William Butler Yeats, George Bernard Shaw, Aleister Crowley y Arthur Edward Waite. La orden pretendía enseñar "los principios de la ciencia oculta y la magia de Hermes". Además de sugerir su propia lista de colores para los planetas, asignaron ciertos colores a los signos del zodiaco.

Aries: Escarlata

Tauro: Rojo anaranjado

Géminis: Naranja

Cáncer: Ámbar

Leo: Amarillo verdoso

Virgo: Verde amarillento

Libra: Verde esmeralda

Escorpión: Verde azulado

Sagitario: Azul

Capricornio: Índigo

Acuario: Violeta

Piscis: Carmesí

La siguiente es la lista más tradicional de los colores zodiacales:

Aries: Amarillo

Tauro: Índigo

Géminis: Verde

Cáncer: Naranja

Leo: Rojo

Virgo: Verde

Libra: Índigo

Escorpión: Amarillo

Sagitario: Azul

Capricornio: Violeta

Acuario: Violeta

Piscis: Azul

La siguiente es otra popular lista de asociaciones:

Aries: Rojo

Tauro: Verde

Géminis: Amarillo

Cáncer: Plateado

Leo: Dorado

Virgo: Café

Libra: Azul

Escorpión: Rojo subido

Sagitario: Morado

Capricornio: Negro

Acuario: Azul

Piscis: Violeta

Experimente con diferentes velas de color para que descubra qué grupo de asociaciones prefiere. Puede usar velas zodiacales para representarse a sí mismo y a otras personas cuando haga magia con velas.

Ahora que sabe algo del significado de los colores, puede empezar a usar este conocimiento para ayudarse en su vida de muchas formas. En el capítulo siguiente veremos cómo prendiendo una sola vela, del color apropiado, podemos mejorar todos los aspectos de nuestra vida.

Magia con una sola vela

Numerosos experimentos han demostrado cómo las personas son influenciadas emocionalmente por diferentes colores.[1] Esto no tiene nada que ver con las preferencias personales de colores; son sólo los efectos que ellos tienen sobre las personas. Por ejemplo, la gran mayoría encuentra que el rojo es estimulante y el violeta calmante. Se ha demostrado que el color rojo eleva la presión sanguínea, mientras el verde calma las emociones. Esta información es usada todo el tiempo en la curación con colores, y también juega un papel importante en la curación emocional usando una sola vela.

Probablemente usted ya ha experimentado, sin saberlo, la curación emocional con una o varias velas. Cada vez que nos sentamos a cenar a la luz de las velas, sentimos algunos de los beneficios de la magia que producen. Esto podría ser más profundo de lo que creemos. En uno de mis talleres, un hombre me contó una historia triste. Cuando él y su esposa se casaron, cenaban a luz de vela todas las noches. Poco a poco dejaron de hacerlo, y un año después se separaron. Luego, el hombre cayó en cuenta que la pasión de su matrimonio se acabó casi al mismo tiempo que dejaron de prender la vela. En realidad, encender una vela puede encender el fuego de las personas.

También hay algo especial cuando se usa una sola vela. Una vela encendida recuerda que existe un espíritu universal, o Dios, en el cosmos. El Salmo 18:28 dice: "Tú encenderás mi vela; Jehová mi Dios alumbrará mis tinieblas". Una idea similar se encuentra en Job 29:3: "Cuando hacía resplandecer sobre mi cabeza su vela, a cuya luz yo caminaba en la oscuridad". En Proverbios 20:27 leemos: "El espíritu del hombre es la vela de Jehová".

Magia de curación emocional

Todo lo que necesita para la curación emocional con una sola vela, es un surtido de velas de diferentes colores. Para lograr los mejores resultados, debe hacer estos experimentos a solas. Escoja una hora en que no sea interrumpido. Yo prefiero hacerlo en la noche, pues la habitación necesita estar a media luz. Si va a hacerlo en el día, baje las persianas o cierre las cortinas. También podría desconectar temporalmente el teléfono.

Dedique un sitio especial para el altar, y coloque en el centro la vela que cree que lo ayudará. Ubique una silla cómoda a unos seis pies de distancia de la vela. Al sentarse, debe ver directamente la llama de la vela, sin levantar o bajar la cabeza. Durante mi adolescencia a veces visitaba la Goodey's Bookshop, la única librería de la Nueva Era que existía en esa época en mi ciudad. Frank Goodey, el dueño, era un hombre amable y bondadoso que daba consejos maravillosos. En una de mis visitas, me sugirió que cuando me sentara, la llama debería estar alineada con mi tercer ojo. Otro consejo útil que me dio fue que pusiera un espejo debajo de ciertas velas, porque duplica el poder de las mismas.

Prenda la vela y siéntese en la silla. Mire fijamente la llama, y piense en por qué está haciendo el ritual. Si enciende una vela roja porque le hace falta energía, piense en lo maravillosa que será su vida cuando se encuentre restablecido plenamente. Véase haciendo varias tareas agotadoras físicamente, pero sintiéndose con energía después de terminar. Mire la llama e imagine el rojo de la vela expandiéndose hasta abarcar toda la habitación. Visualícese rodeado de rojo, y sienta la energía de este color revitalizando cada célula de su cuerpo.

Continúe mirando fijamente la llama hasta que se sienta bañado de rojo por completo. Retenga esta sensación todo el tiempo que pueda. Cuando empiece a disiparse, diga "gracias" en voz alta. Estírese y tome algunas respiraciones profundas antes de pararse. Si es posible, deje que la vela se consuma, o si no apáguela antes de continuar con su día.

Muchas personas dicen que no se debe soplar la vela al hacer magia, pues se cree que es una ofensa para el elemento fuego. Confieso que a veces soplo intencionalmente mis velas para apagarlas. Cuando lo hago, adiciono el elemento aire al elemento fuego. Sin embargo, por lo general utilizo un despabilador o mis dedos para apagar la vela. Use el método que considere apropiado en el momento. A veces parecerá correcto emplear el despabilador, y en otras ocasiones lo apropiado puede ser apagarla soplando.

Sentirá los resultados de este experimento de inmediato. Todo el proceso toma entre diez y treinta minutos, dependiendo del poder de visualización de la persona.

Puede hacer este ejercicio con la frecuencia que quiera. Los siguientes son algunos de los sentimientos y actitudes que pueden ser modificados con este ritual.

Rojo

Use una vela roja si le hace falta confianza en sí mismo, energía o pasión. También puede utilizarla si se siente rechazado o indigno. El rojo ayuda a eliminar el pesimismo y las actitudes negativas.

Naranja

Encienda una vela anaranjada si carece de vitalidad o motivación. El naranja también es útil si tiene dificultad para fijar metas o no sabe cuál dirección tomar. Además, sirve para eliminar miedos, dudas y preocupaciones.

Curación con vela y el mandala

El ejercicio de curación emocional puede ser llevado un paso más adelante usando un mandala para determinar las causas psicológicas subyacentes de las emociones.

Un mandala es un diseño trazado alrededor de un punto central. En realidad, "mandala" es el término sánscrito para círculo y centro. Esto muestra que un mandala representa el mundo interior de la mente y el cuerpo (centro), y el mundo exterior (círculo). Simboliza el universo. Cuando creamos un mandala ponemos nuestras energías en él. Esto concuerda con el famoso axioma "como es arriba, es abajo", pues la persona, el microcosmo, se introduce en el mandala, que simboliza el universo (macrocosmo). En realidad, viajamos del mundo cotidiano terrenal, al sereno y feliz yo interior, lo cual permite conocernos a nosotros mismos y además entender nuestra relación con el universo más claramente.

En el Tibet, los mandalas son obras de arte y a la vez poderosas herramientas de meditación. Sus famosas pinturas en arena son llamadas *dul-tson-kyil-khor*, que significa "mandala de arena coloreada". Crear uno de ellos trae paz y alivio. Una vez que está completo, la arena es barrida y echada en un río, permitiendo que las energías curativas se esparzan a través del mundo.

Los mandalas hindúes, conocidos como yantras pictóricos, son objetos sagrados que se usan para propósitos de meditación. Concentrándose en el *bindu* del centro, el meditador se dirige al centro de su ser.

Las bellas ventanas color rosa encontradas en muchas iglesias, son en esencia mandalas. La famosa mística, Santa Hildegarda de Bingen (1098–1179), expresó sus visiones en pinturas y música. En una de sus visiones observó a Dios en un trono en el centro de un enorme mandala. Tenía una gran rueda en su corazón, y ésta se expandía para crear un mandala que rodeaba todo el universo por completo.

La rueda medicinal nativa americana es un mandala. Consiste en una cruz dentro de un círculo, que representa las cuatro estaciones, las cuatro direcciones y los cuatro elementos. Cuando nacemos, simbólicamente iniciamos en el Este y hacemos nuestro viaje alrededor del círculo las veces que sea necesario hasta que regresemos al espíritu.

El "atrapasueños" (tradición nativa americana) también es un mandala. Se trata de un instrumento en forma de red espiral que coge los sueños buenos y deja que los malos pasen a través de la red para que no sean recordados.

Los navajos crean mandalas curativos de arena, maíz, polen, pétalos y carbón vegetal, conocidos como *iikááh*. Esto significa "donde los espíritus llegan y se van". El mandala es construido durante el día, y al anochecer el paciente se sienta en el centro. El curador canta una historia acerca de recuperar la armonía, mientras el paciente piensa en cómo ha salido del camino y necesita andar en una dirección diferente en el futuro para mantener buena salud y felicidad. Finalmente, los espíritus en el mandala sacan la enfermedad de la persona y la pasan al mandala, del cual se deshacen cuidadosamente, y el paciente ya curado puede continuar con su vida.

Estos ejemplos muestran lo importante que ha sido el mandala, y aún es, para el bienestar del mundo.

Carl G. Jung (1875–1961) fue quien reintrodujo el mandala en Occidente. Empezó a hacer un mandala cada día, y descubrió con qué precisión expresaba sus pensamientos y sentimientos. Él lo estudió por más de una década antes de hacer públicos sus descubrimientos. Jung consideraba al mandala como un símbolo arquetípico que significaba la "totalidad del ser".[2] Creía que la forma circular del mandala mostraba que todos tenemos el deseo instintivo de buscar una totalidad o plenitud satisfactoria. Cuando empezó a usarlo con sus pacientes, descubrió que muchos de ellos, incluyendo niños, dibujaban espontáneamente diseños circulares que les daban sentimientos de paz en medio de la crisis en que se encontraban. Crear un mandala es una experiencia muy satisfactoria y enriquecedora, por eso se utiliza como herramienta de meditación.

Para este ejercicio necesitará cerca de una docena de lápices de color, crayolas o marcadores, una hoja de papel grande, y una vela del color apropiado para la curación que piensa hacer. Podría usar un plato para trazar un círculo en la hoja antes de comenzar. La mayoría de mandalas son circulares, pues el círculo es el símbolo de la unidad y la totalidad. Sin embargo, puede elegir la forma que quiera, y para decidir esto debe seguir la intuición y sus sentimientos. Podría escoger un cuadrado, triángulo, octágono o cualquier otra cosa que le llame la atención en el momento.

Organice el altar como antes. Necesitará suficiente espacio en frente de la vela para la hoja en la cual dibujará su mandala. Yo prefiero hacer mandalas arrodillado frente al altar. No obstante, esa es una elección personal, y tal vez usted quiera estar sentado o parado mientras realiza el trabajo. Encienda la vela, y desarrolle de nuevo el experimento de curación emocional. Cuando llegue a la etapa en que se visualiza totalmente rodeado y lleno del color de la vela, coja uno de los implementos de escritura y dibuje su mandala. Use los colores que considere apropiados. No piense en el proceso mientras elabora el mandala. Haga un diseño o dibujo alrededor del punto central. Podría hacer una serie de figuras y luego colorearlas, o una forma de un color particular antes de crear otra de diferente color. No hay reglas ni una manera correcta o equivocada de hacer esto. Lo mejor es elaborar el mandala pensando lo menos posible. Disfrute el proceso.

Continúe con su mandala hasta que sienta que está terminado, o hasta que ya no pueda visualizar el color de la vela dentro de usted.

Finalice el experimento diciendo "gracias" a las fuerzas universales, y luego apague la vela.

Puede observar su mandala en seguida, o dejarlo a un lado para examinarlo después. Cuando vea los colores y símbolos que usó se asombrará de lo que el mandala le dice acerca de su vida interior. El mandala es un mapa de su realidad interior, y revela claramente su estado de ánimo en el momento que lo realizó.

Curación con vela y el mandala

El ejercicio de curación emocional puede ser llevado un paso más adelante usando un mandala para determinar las causas psicológicas subyacentes de las emociones.

Un mandala es un diseño trazado alrededor de un punto central. En realidad, "mandala" es el término sánscrito para círculo y centro. Esto muestra que un mandala representa el mundo interior de la mente y el cuerpo (centro), y el mundo exterior (círculo). Simboliza el universo. Cuando creamos un mandala ponemos nuestras energías en él. Esto concuerda con el famoso axioma "como es arriba, es abajo", pues la persona, el microcosmo, se introduce en el mandala, que simboliza el universo (macrocosmo). En realidad, viajamos del mundo cotidiano terrenal, al sereno y feliz yo interior, lo cual permite conocernos a nosotros mismos y además entender nuestra relación con el universo más claramente.

En el Tibet, los mandalas son obras de arte y a la vez poderosas herramientas de meditación. Sus famosas pinturas en arena son llamadas *dul-tson-kyil-khor*, que significa "mandala de arena coloreada". Crear uno de ellos trae paz y alivio. Una vez que está completo, la arena es barrida y echada en un río, permitiendo que las energías curativas se esparzan a través del mundo.

Los mandalas hindúes, conocidos como yantras pictóricos, son objetos sagrados que se usan para propósitos de meditación. Concentrándose en el *bindu* del centro, el meditador se dirige al centro de su ser.

Las bellas ventanas color rosa encontradas en muchas iglesias, son en esencia mandalas. La famosa mística, Santa Hildegarda de Bingen (1098–1179), expresó sus visiones en pinturas y música. En una de sus visiones observó a Dios en un trono en el centro de un enorme mandala. Tenía una gran rueda en su corazón, y ésta se expandía para crear un mandala que rodeaba todo el universo por completo.

La rueda medicinal nativa americana es un mandala. Consiste en una cruz dentro de un círculo, que representa las cuatro estaciones, las cuatro direcciones y los cuatro elementos. Cuando nacemos, simbólicamente iniciamos en el Este y hacemos nuestro viaje alrededor del círculo las veces que sea necesario hasta que regresemos al espíritu.

El "atrapasueños" (tradición nativa americana) también es un mandala. Se trata de un instrumento en forma de red espiral que coge los sueños buenos y deja que los malos pasen a través de la red para que no sean recordados.

Los navajos crean mandalas curativos de arena, maíz, polen, pétalos y carbón vegetal, conocidos como *iikááh*. Esto significa "donde los espíritus llegan y se van". El mandala es construido durante el día, y al anochecer el paciente se sienta en el centro. El curador canta una historia acerca de recuperar la armonía, mientras el paciente piensa en cómo ha salido del camino y necesita andar en una dirección diferente en el futuro para mantener buena salud y felicidad. Finalmente, los espíritus en el mandala sacan la enfermedad de la persona y la pasan al mandala, del cual se deshacen cuidadosamente, y el paciente ya curado puede continuar con su vida.

Estos ejemplos muestran lo importante que ha sido el mandala, y aún es, para el bienestar del mundo.

Carl G. Jung (1875–1961) fue quien reintrodujo el mandala en Occidente. Empezó a hacer un mandala cada día, y descubrió con qué precisión expresaba sus pensamientos y sentimientos. Él lo estudió por más de una década antes de hacer públicos sus descubrimientos. Jung consideraba al mandala como un símbolo arquetípico que significaba la "totalidad del ser".[2] Creía que la forma circular del mandala mostraba que todos tenemos el deseo instintivo de buscar una totalidad o plenitud satisfactoria. Cuando empezó a usarlo con sus pacientes, descubrió que muchos de ellos, incluyendo niños, dibujaban espontáneamente diseños circulares que les daban sentimientos de paz en medio de la crisis en que se encontraban. Crear un mandala es una experiencia muy satisfactoria y enriquecedora, por eso se utiliza como herramienta de meditación.

Para este ejercicio necesitará cerca de una docena de lápices de color, crayolas o marcadores, una hoja de papel grande, y una vela del color apropiado para la curación que piensa hacer. Podría usar un plato para trazar un círculo en la hoja antes de comenzar. La mayoría de mandalas son circulares, pues el círculo es el símbolo de la unidad y la totalidad. Sin embargo, puede elegir la forma que quiera, y para decidir esto debe seguir la intuición y sus sentimientos. Podría escoger un cuadrado, triángulo, octágono o cualquier otra cosa que le llame la atención en el momento.

Organice el altar como antes. Necesitará suficiente espacio en frente de la vela para la hoja en la cual dibujará su mandala. Yo prefiero hacer mandalas arrodillado frente al altar. No obstante, esa es una elección personal, y tal vez usted quiera estar sentado o parado mientras realiza el trabajo.

Encienda la vela, y desarrolle de nuevo el experimento de curación emocional. Cuando llegue a la etapa en que se visualiza totalmente rodeado y lleno del color de la vela, coja uno de los implementos de escritura y dibuje su mandala. Use los colores que considere apropiados. No piense en el proceso mientras elabora el mandala. Haga un diseño o dibujo alrededor del punto central. Podría hacer una serie de figuras y luego colorearlas, o una forma de un color particular antes de crear otra de diferente color. No hay reglas ni una manera correcta o equivocada de hacer esto. Lo mejor es elaborar el mandala pensando lo menos posible. Disfrute el proceso.

Continúe con su mandala hasta que sienta que está terminado, o hasta que ya no pueda visualizar el color de la vela dentro de usted.

Finalice el experimento diciendo "gracias" a las fuerzas universales, y luego apague la vela.

Puede observar su mandala en seguida, o dejarlo a un lado para examinarlo después. Cuando vea los colores y símbolos que usó se asombrará de lo que el mandala le dice acerca de su vida interior. El mandala es un mapa de su realidad interior, y revela claramente su estado de ánimo en el momento que lo realizó.

El diseño que haga en la vela depende por completo de usted y su objetivo. Si tiene una inclinación cristiana, tal vez quiera grabar una cruz en la vela. Haga primero una línea vertical de arriba hacia abajo. Luego haga la línea horizontal de izquierda a derecha.

Quizás prefiera grabar un pentagrama, que es un antiguo símbolo de protección. También simboliza el espíritu universal equilibrando los cuatro elementos. El punto superior del pentagrama es el espíritu, y los otros cuatro puntos representan los cuatro elementos: fuego, tierra, aire y agua.

También podría grabar algo que simbolice su objetivo. Por ejemplo, el signo de dólar puede ser usado si el objetivo es atraer dinero, y un corazón servirá para atraer amor.

Si la vela representa una persona, podría grabar algo que la simbolice, por ejemplo su nombre, signo zodiacal, fecha de nacimiento, o lo que ayude a asociar más a la vela con esta persona.

Si va a usar la vela para atraer a alguien, inscriba en ella ciertas cualidades que desea encontrar en esa persona.

No importa qué símbolo o diseño haga en la vela, siempre y cuando tenga significado para usted y se relacione con su objetivo. Naturalmente, debe permanecer concentrado en su propósito mientras inscribe su diseño en la vela.

Ungir la vela

Al ungir o revestir las velas puede manchar o estropear su vestimenta, por lo tanto es bueno usar ropa vieja y trabajar sobre una superficie que después se pueda limpiar con facilidad. Por lo general unjo mis velas al aire libre, pero esto depende del clima. Cuando debo hacerlo en casa, trabajo en la mesa de la cocina. No creo que sea buena idea preparar las velas en la misma superficie que será usada después como un altar.

Empiece frotando aceite en ambas manos. Sostenga la vela cerca del centro, y, empezando desde ahí, frote el aceite hacia el extremo superior de la vela. Es importante frotarla sólo en dirección ascendente.

Al hacerlo, piense en su propósito al revestir la vela. Este es el aspecto más importante en el ungimiento de una vela. Mientras la reviste, está plasmando sus pensamientos en ella, y consagrándola para un propósito específico. Algunas personas repiten una afirmación, o expresan sus pensamientos en voz alta, para enfocarse más en el objetivo. Es importante que la vela sea consagrada para un solo propósito. Si la está preparando para prosperidad, por ejemplo, no debería usarla para atraer una relación romántica. La única excepción es cuando consagre una vela para poder personal. Ésta puede ser utilizada después para cualquier propósito positivo.

Una vez que haya revestido la parte superior de la vela, unja la mitad inferior de la misma forma, frotando del centro hasta la base.

Algunos prefieren frotar hacia arriba, del centro a la parte superior, una vez, y luego frotar una vez la mitad inferior, alternando entre las dos mitades. Esto significa que ninguna mitad de la vela puede tener superioridad sobre la otra. Debido a que me enseñaron a frotar primero la parte superior, y luego la inferior, siempre unjo mis velas de esta forma.

Hay otra tradición que dice que cuando hacemos magia con velas para traer algo bueno a nuestra vida, debemos frotar la vela del extremo superior hacia la base. A la inversa, si queremos eliminar algo negativo de nuestra vida, hay que frotarla de la base hacia arriba.

Al final, la elección depende de la preferencia personal. Ensaye todos estos métodos y luego adopte el que más le guste.

El aspecto más importante al ungir la vela es concentrarnos en nuestro propósito esencial. En comparación con esto, es de poca importancia la forma en que revistamos las velas.

A través de los años, he conocido a varias personas que no les gusta utilizar aceite, porque les molesta untarse de él o el olor las hace sentir mal. El remedio es ungir la vela con agua en lugar de aceite. Hay tres formas de hacer esto. La primera es conseguir un pulverizador, para cubrir toda la vela con una niebla de agua mientras decimos una afirmación o pensamos en nuestro objetivo. También podemos meter la mano derecha en un tazón de agua y rociar la vela mientras pensamos en el objetivo. El tercer método es frotar la vela con agua, exactamente como lo haríamos usando aceite.

Envolver la vela

Disfruto esta etapa final de la preparación de las velas. Algunos creen que no es necesaria, pero yo la encuentro útil.

Sostenga la vela limpia y ungida, y piense en cómo la va a usar. Concéntrese en su objetivo mientras envuelve una cinta delgada alrededor de la vela, comenzando en la base y terminando en el extremo superior. Esto ata su propósito en la vela. Algunos prefieren hacer esto justo antes de usar la vela.

Otros lo hacen como la etapa final de preparación. No tengo una preferencia respecto a esto; a veces envuelvo mis velas como la última parte al prepararlas, pero con la misma frecuencia lo hago justo antes de utilizarlas.

Ahora que sus velas han sido limpiadas, ungidas y envueltas, puede empezar a usarlas en magia. Probablemente está ansioso por trabajar con ellas, pero antes de hacerlo debe saber también cuáles son los mejores momentos para encenderlas. Ese es el tema del siguiente capítulo.

durante la luna creciente, pues el deseo es aumentar el dinero. Quizás elegiría hacer la magia un jueves y en una de las horas de Júpiter (1, 8, 15 ó 22).

Es interesante observar que las horas y días planetarios han sido usados por magos durante más de dos mil años. Registros astrológicos que datan del año 27 a. C., muestran que, incluso en esa época, se usaba el mismo orden de planetas y los mismos métodos para elegir el tiempo propicio que empleamos hoy.[2]

El año solar

En la práctica, lo anterior es suficiente para virtualmente cualquier situación. Sin embargo, si planea una magia con mucho tiempo por adelantado, también podría usar el año solar de la misma forma que la luna creciente y menguante. Para hechizos que tienen que ver con expansión y aumento, use el período de la Navidad (Yule) hasta el solsticio de verano (Midsummer). Para decrecimiento, haga su magia entre el solsticio de verano y la Navidad.

Vibración cósmica

Lo que hemos abarcado hasta ahora son los métodos tradicionales para la elección del tiempo apropiado. Ahora sigue un método que me enseñaron hace más de 35 años, y que no he visto publicado en ninguna parte.

Creo mucho en el don de acertar sin buscar (serendipity), o la ocurrencia de hechos afortunados aparentemente por casualidad. Creo que estos sucesos no son accidentales en lo absoluto, sino que ocurren porque subconscientemente hemos transmitido al universo las energías que los originan.

Estaba viajando de Londres a Glasgow, y había comprado un libro llamado *Color Psychology and Color Therapy*, de Faber Birren, para leer en el tren. Estaba tan absorto en la lectura del libro, que no vi cuando alguien llegó al compartimiento y se sentó frente a mí. Después de unos minutos, oí a un hombre recitando los colores del arco iris en voz alta. Levanté la mirada y el hombre que se encontraba al frente me sonrió. Tenía cabello largo gris y ojos penetrantes. Quizás bordeaba los 55 años de edad, pero yo tenía 20 en ese tiempo y pensé que él era más viejo.

"Ese es un buen libro", dijo, señalando el que yo estaba leyendo. "Faber Birren, un gran hombre".

"Sí", dije. "No sé nada acerca de él".

"¿Interesado en los colores?"

"Eso creo. Parece un libro interesante".

"Tal vez lo compró en Watkins".

Watkins Bookshop es una famosa librería esotérica de Londres. Sigue siendo el primer lugar que visito cuando voy a esta bella ciudad.

Una vez que comprobó que yo estaba interesado en los temas psíquicos, el hombre se inclinó hacia adelante y habló casi todo el camino hasta Escocia. Su nombre era Herbert Fernyhough. Me dijo que había nacido en una familia adinerada y nunca tuvo que trabajar, vivía en una pequeña hacienda donde pasaba la mayor parte de su tiempo leyendo y estudiando. Una de las muchas cosas que mencionó en el largo viaje en tren, fue la energía cósmica y cómo la humanidad daría un paso gigantesco si a todos se les enseñara a usar su vibración cósmica correctamente. Debí reconocer que no tenía idea de esto.

"Es energía", me dijo, agitando la mano para enfatizar sus palabras. "Su vibración fue determinada por su día de nacimiento".

Me dijo que hay tres grupos de vibraciones:

Grupo Uno: Personas nacidas en los días 1, 5, 7, 10, 14, 16, 19, 23, 25 ó 28 de cualquier mes.

Grupo Dos: Personas nacidas en los días 2, 4, 8, 11, 13, 17, 20, 22, 26, 29 ó 31 de cualquier mes.

Grupo Tres: Personas nacidas en los días 3, 6, 9, 12, 15, 18, 21, 24, 27 ó 30 de cualquier mes.

Cualquier fecha del grupo al que pertenece es buena para usted. Si nació el 4 de julio, por ejemplo, pertenece al grupo dos. Esto significa que los mejores días para que haga magia con velas son todos los listados en dicho grupo. Octubre 2 y 4 serían propicios, pero no octubre 3, pues este día no está en el grupo dos.

Estas listas de fechas en principio parecen intimidantes, pero son fáciles de recordar. Las fechas del grupo uno son 1, 5 y 7, más los otros números que se reduzcan a ellos al ser sumados. Por consiguiente, 25 se encuentra en este grupo, porque 2 + 5 = 7. Las fechas del grupo dos son 2, 4 y 8, más los otros números que se reduzcan a ellos al ser sumados. Así, el 29 está en este grupo, pues 2 + 9 = 11, y 1 + 1 = 2. Lo mismo se aplica al grupo tres. En éste se encuentran las fechas 3, 6 y 9, más los otros números que se reduzcan a ellos. El 24 es de este grupo, pues 2 + 4 = 6.

También podemos dividir estos grupos en días mentales, físicos y espirituales. Debemos hacer magia relacionada con conocimiento, aprendizaje y comunicación en los días mentales. Los días físicos se refieren a más que energía física. Son los mejores para la magia de aumento. Esto podría ser más dinero, más energía, más amigos, etc. Los días espirituales son los mejores para la magia enfocada en curarnos a nosotros mismos y a otras personas. También son los más propicios para meditación, desarrollo espiritual e intuición.

Grupo Uno

Nacidos el 1 de cualquier mes
Días mentales: 10, 14, 16 y 19
Días físicos: 23, 25 y 28
Días espirituales: 1, 5, y 7

Nacidos el 5 de cualquier mes
Días mentales: 16, 19, 23 y 25
Días físicos: 1, 5 y 28
Días espirituales: 7, 10 y 14

Nacidos el 7 de cualquier mes
Días mentales: 23, 25 y 28
Días físicos: 1, 5 y 7
Días espirituales: 10, 14, 16 y 19

Nacidos el 10 de cualquier mes
Días mentales: 1, 5 y 28
Días físicos: 7, 10 y 14
Días espirituales: 16, 19, 23 y 25

Nacidos el 14 de cualquier mes
Días mentales: 1, 5 y 7
Días físicos: 10, 14, 16 y 19
Días espirituales: 23, 25 y 28

Nacidos el 16 de cualquier mes
Días mentales: 14, 16, 19 y 23
Días físicos: 1, 25 y 28
Días espirituales: 5, 7 y 10

Nacidos el 19 de cualquier mes
Días mentales: 19, 23, 25 y 28
Días físicos: 1 y 5
Días espirituales: 7, 10, 14 y 16

Nacidos el 23 de cualquier mes
Días mentales: 1, 25 y 28
Días físicos: 5, 7 y 10
Días espirituales: 14, 16, 19 y 23

Nacidos el 25 de cualquier mes
Días mentales: 1 y 5
Días físicos: 7, 10, 14 y 16
Días espirituales: 19, 23, 25 y 28

Nacidos el 28 de cualquier mes
Días mentales: 5, 7 y 10
Días físicos: 14, 16, 19 y 23
Días espirituales: 1, 25 y 28

Grupo Dos

Nacidos el 2 de cualquier mes
Días mentales: 13, 17, 20 y 22
Días físicos: 26, 29 y 31
Días espirituales: 2, 4, 8 y 11

Nacidos el 4 de cualquier mes
Días mentales: 20, 22, 26 y 29
Días físicos: 2, 4 y 31
Días espirituales: 8, 11, 13 y 17

Nacidos el 8 de cualquier mes
Días mentales: 26, 29 y 31
Días físicos: 2, 4, 8 y 11
Días espirituales: 13, 17, 20 y 22

Nacidos el 11 de cualquier mes
Días mentales: 2, 4 y 31
Días físicos: 8, 11, 13 y 17
Días espirituales: 20, 22, 26 y 29

Nacidos el 13 de cualquier mes
Días mentales: 2, 4, 8 y 11
Días físicos: 13, 17, 20 y 22
Días espirituales: 26, 29 y 31

Nacidos el 17 de cualquier mes
Días mentales: 17, 20, 22 y 26
Días físicos: 2, 29 y 31
Días espirituales: 4, 8, 11 y 13

Nacidos el 20 de cualquier mes
Días mentales: 22, 26, 29 y 31
Días físicos: 2, 4 y 8
Días espirituales: 11, 13, 17 y 20

Nacidos el 22 de cualquier mes
Días mentales: 2, 29 y 31
Días físicos: 4, 8, 11 y 13
Días espirituales: 17, 20, 22 y 26

Nacidos el 26 de cualquier mes
Días mentales: 2, 4 y 8
Días físicos: 11, 13, 17 y 20
Días espirituales: 22, 26, 29 y 31

Nacidos el 29 de cualquier mes
Días mentales: 4, 8, 11 y 13
Días físicos: 17, 20, 22 y 26
Días espirituales: 2, 29 y 31

Nacidos el 31 de cualquier mes
Días mentales: 8, 11, 13 y 17
Días físicos: 20, 22, 26 y 31
Días espirituales: 2, 4 y 31

Grupo Tres

Nacidos el 3 de cualquier mes
Días mentales: 15, 18, 21 y 24
Días físicos: 27 y 30
Días espirituales: 3, 6, 9 y 12

Nacidos el 6 de cualquier mes
Días mentales: 21, 24, 27 y 30
Días físicos: 3 y 6
Días espirituales: 9, 12, 15 y 18

Nacidos el 9 de cualquier mes
Días mentales: 27 y 30
Días físicos: 3, 6, 9 y 12
Días espirituales: 15, 18, 21 y 24

Nacidos el 12 de cualquier mes
Días mentales: 3 y 6
Días físicos: 9, 12, 15 y 18
Días espirituales: 21, 24, 27 y 30

Nacidos el 15 de cualquier mes
Días mentales: 3, 6, 9 y 12
Días físicos: 15, 18, 21 y 24
Días espirituales: 27y 30

Nacidos el 18 de cualquier mes
Días mentales: 18, 21, 24 y 27
Días físicos: 3 y 30
Días espirituales: 6, 9, 12 y 15

Nacidos el 21 de cualquier mes
Días mentales: 24, 27 y 30
Días físicos: 3, 6 y 9
Días espirituales: 12, 15, 18 y 21

Nacidos el 24 de cualquier mes
Días mentales: 3 y 30
Días físicos: 6, 9, 12 y 15
Días espirituales: 18, 21, 24 y 27

Nacidos el 27 de cualquier mes
Días mentales: 3, 6 y 9
Días físicos: 12, 15, 18 y 21
Días espirituales: 24, 27 y 30

Nacidos el 30 de cualquier mes
Días mentales: 6, 9, 12 y 15
Días físicos: 18, 21, 24 y 27
Días espirituales: 3 y 30

Si ha estudiado numerología, sabrá que los tres grupos son conocidos como las tres concordancias. El grupo de 1, 5, 7 se conoce como la concordancia científica, el grupo de 2, 4, 8, 11 es llamado la concordancia comercial, y el grupo de 3, 6, 9 es conocido como la concordancia artística. Aunque ya sabía eso cuando conocí al Sr. Fernyhough, nunca los había usado de esta forma para determinar las mejores fechas para hacer trabajos mágicos. Si no hubiera conocido al Sr. Fernyhough en el tren, probablemente no sabría nada de este sistema.

Empecé a experimentarlo de inmediato, y descubrí que daba excelentes resultados. Por esta razón, es el sistema que generalmente uso.

Fatalidad de los días

Este es otro método para determinar días favorables y desfavorables, y está basado en el día del mes en que se presenta la luna llena. Arthur Edward Waite escribió que este sistema es "muy antiguo, y ha sido probado hasta el punto de ser considerado preciso para la mayoría de astrólogos".[3] La palabra *fatalidad* en "fatalidad de los días" no significa muerte. Esta interpretación alternativa de la palabra indica destino o hado.

Para determinar los días favorables, cuente el número de días hasta el fin de mes desde la luna llena. Luego multiplique éste por el día en que ocurrió la luna llena. Por ejemplo, supongamos que la luna llena fue el 18 de septiembre. Como este mes tiene treinta días, hay doce después del 18. Multiplique 18 por 12, lo cual le dará 216. Este número es ahora convertido en dos días favorables: el 2 y el 16. Si el total hubiera sido 261, los días de buena suerte serían los mismos, pues los dos últimos dígitos deben ser transpuestos para crear una fecha. Si el total resulta ser 266, los días favorables serían el 2 y el 6, y éste último sería especialmente propicio, pues apareció dos veces.

También necesitamos determinar los días desfavorables, porque es posible que un día sea a la vez favorable y desafortunado. Cuando esto ocurre, esa fecha en particular es ignorada.

Los días desfavorables son determinados contando hacia atrás desde la luna llena hasta el día 1 del mes. Para continuar con nuestro ejemplo de la luna llena el 18, contamos hacia atrás diecisiete días. De este modo, las fechas desafortunadas se determinan multiplicando 17 x 18 = 306. Los días desfavorables para este septiembre son el 3 y el 6. Como ninguno coincide con los días favorables, podemos tomar nota de las cuatro fechas.

Los días favorables son excelentes para cualquier tipo de magia que involucre aumento. No debemos hacer trabajos mágicos en los días desfavorables, excepto en una emergencia, o si la magia tiene que ver con eliminar algo de nuestra vida.

Numerología

Otro método para escoger los días apropiados para la magia, es usar la numerología a fin de determinar nuestros días personales. El primer paso es hallar el año personal. Esto se hace sumando el día y mes de nacimiento, y adicionando esto al año actual. Si usted nació el 17 de septiembre, por ejemplo, y el año actual es 2004, haría la siguiente suma:

Mes de nacimiento	9
Día de nacimiento	17
Año actual	2004
	2030

Esto es reducido a un solo dígito: $2 + 0 + 3 + 0 = 5$. En este ejemplo, 5 sería su año personal.

Si adiciona el mes actual al año personal, y de nuevo lo reduce a un solo dígito, hallará su mes personal. Supongamos que el mes actual es julio. Adicionamos 7 (por julio) al año personal 5. Esto nos da 12, que es reducido a 3 ($1 + 2$ $= 3$). Usted está en un mes personal 3.

Finalmente, sumamos el día actual con el mes personal, y de nuevo lo llevamos a un sólo dígito. Supongamos que es el día 19 del mes. Adicionamos 19 al mes personal 3, lo cual nos da 22; $2 + 2 = 4$. Se encuentra en un día personal 4.

Veamos otro ejemplo. Supongamos que su día de nacimiento es marzo 23, y desea determinar su día personal para agosto 29 de 2006. Primero halle su año personal, seguido por el mes personal, y finalmente el día personal.

Mes de nacimiento   3
Día de nacimiento   23
Año actual   2006
_____
         2032

Su año personal es 7.

Año personal   7
Mes actual   8
_____
         15

Su mes personal es 6.

Mes personal   6
Día actual   29
_____
         35

Su día personal para agosto 29 de 2006, es el 8.

Interpretaciones para
cada día personal

Encender la vela correcta para el día es una forma de magia con una sola vela, y nos permite sacar el mejor partido de lo que ofrece cada día.

Día personal 1

Vela: Roja

El día personal 1 es bueno para iniciar algo nuevo. Usted tendrá mucho entusiasmo y energía, y estará receptivo a ideas nuevas. Es un tiempo ideal para hacer un fuerte avance en su carrera. Haga realidad algo y progrese con esto.

Día personal 2

Vela: Naranja y plateada

El día personal 2 es propicio para cooperar con otros y llevar hasta el fin algo ya iniciado. Es bueno para actividades sociales discretas y relaciones cercanas. Sea diplomático y tome el día como llegue. Sea paciente, pues hoy no ocurrirá nada rápidamente. Éste es un día apropiado para todas las relaciones con el sexo opuesto.

Día personal 3

Vela: Amarilla

Este día es bueno para el entretenimiento, diversión y placer. Sus pensamientos estarán más en actividades agradables que en trabajo duro. Dedique tiempo a su familia y amigos, y diviértase. También es un día propicio para la creatividad y todas las formas de expresión de la personalidad propia.

Día personal 4
Vela: Verde y dorada

El día personal 4 es ideal para el trabajo arduo. Es un buen tiempo para continuar actividades que han sido aplazadas tales como oficios domésticos y visitas al dentista. Trabaje con dedicación todo el día, y se sorprenderá de lo que puede lograr.

Día personal 5
Vela: Azul

El día personal 5 es un tiempo de libertad y variedad. Es apropiado para hacer algo nuevo o distinto, preferiblemente algo que normalmente no haría. Espere lo inesperado. Es el día ideal para correr un riesgo calculado y aprovechar buenas oportunidades.

Día personal 6
Vela: Azul oscura o índigo

El día personal 6 es apropiado para todas las relaciones cercanas. Es probable que hoy la familia y los amigos jueguen un papel importante. Es un buen día para oficios domésticos y actividades artísticas o creativas. Tal vez le pedirán que ofrezca ayuda o consejos. El amor se ve favorecido.

Día personal 7
Vela: Morada

El día 7 es más tranquilo, y es probable que quiera pasar al menos parte de este tiempo en solitario para meditar o analizar cosas. En este día aumenta su espiritualidad e intuición.

Día personal 8

Vela: Marrón, rosa o rosada

El día personal 8 es ideal para ocuparse de los negocios y las finanzas. Es un día de duro trabajo, pero también es probable que sea un tiempo dinámico y progresivo con un arreglo económico. Es un día propicio para firmar contratos y para hacer y gastar dinero.

Día personal 9

Vela: Todos los colores, blanca

El día personal 9 es apropiado para terminar cosas y planear actividades futuras. Es un buen tiempo para dejar atrás lo que haya acabado completamente. No se aferre a algo sólo por aprecio. Probablemente sus emociones se agudizarán, así que piense antes de hablar. Las actividades creativas son favorecidas.

¿En cuánto tiempo funciona la magia?

Naturalmente, todos queremos resultados rápidos. A veces esto ocurre, pero en otras ocasiones nos preguntamos si la magia funcionará y cuándo se manifestará. Toda magia involucra utilizar las fuerzas universales para hacer realidad nuestros deseos. Hacemos esto formulando primero el deseo en la mente consciente, y desarrollando luego el trabajo mágico necesario, que activa nuestra mente subconsciente y transmite el objetivo al mundo. Si hemos hecho nuestra parte seria y responsablemente, el resto del proceso es automático. El universo atenderá nuestra petición y la hará realidad.

Sea paciente y positivo. Asegúrese de formular su deseo claramente y de no estar perjudicando inadvertidamente a alguien más con su magia. Permanezca concentrado en su objetivo. Puede usar la magia para lograr cualquier cosa que fije en su mente. Piense en grande y tenga la seguridad de que su petición será manifestada. Algunos deseos toman poco tiempo en ser cumplidos, mientras otros requieren mucho más tiempo.

Ahora conoce la mayor parte de lo básico. Sin embargo, hay varias cosas adicionales que puede hacer para aumentar el poder y la eficacia de su magia. Una de ellas es adicionar fragancias de diferentes clases. Veremos esto en el siguiente capítulo

Fragancias

Las fragancias siempre han jugado un papel importante en la magia. En el antiguo Egipto, prender incienso era parte esencial de cualquier ceremonia. El incienso es una mezcla fragante usada en trabajos mágicos y espirituales, porque se cree que atrae buenos espíritus y repele los malos. Era considerado tan importante en Egipto, que sólo a sacerdotes entrenados se les permitía hacerlo. El olíbano era quemado en rituales a la salida del Sol, mirra al mediodía y kyphi al atardecer, para señalar el viaje a través del cielo de Ra, el dios solar. La calidad de los inciensos egipcios era tan notable, que Howard Carter y Lord Carnarvon detectaron el olor en la tumba del rey Tutankamón cuando entraron a ella en 1922.[1]

Los antiguos griegos creían que enviar aromas agradables a los dioses los complacía y los hacía más receptivos a sus peticiones. Es posible que el famoso oráculo de Delfos haya usado algún tipo de incienso como ayuda para entrar a un estado alterado. Pitia, la sacerdotisa, masticaba hojas de laurel e inhalaba emanaciones de humo que le causaban un efecto hipnótico.

En la antigua Roma, los rituales importantes no eran considerados completos hasta que se hiciera una ofrenda de incienso y olíbano. El incienso también era ofrecido a los dioses domésticos y se utilizaba en sacrificios de sangre. Cuando los cristianos estaban siendo perseguidos por el emperador Decio (c. 200–251), quienes renunciaban a su religión tenían que quemar unos granos de incienso en un altar para probar su lealtad al estado.[2]

Los magos medievales siempre tenían el incienso apropiado cuando hacían magia. Creían que los espíritus elementales podían usar el humo del incienso para expandirse y hacerse visibles.

A la iglesia cristiana le tomó 300 años empezar a usar incienso en sus servicios religiosos. Antes de esto, era considerado pagano. Los judíos lo habían empleado durante miles de años, y es posible que los primeros cristianos deliberadamente hayan evitado usarlo para establecer otro punto de diferencia entre el cristianismo y el judaísmo.

El incienso ha sido usado para varios propósitos. Naturalmente, se emplea para indicar devoción a una deidad particular. Sin embargo, también puede despejar la mente y permitir que la persona se concentre en su objetivo. También es utilizado como estimulante y embriagador. La mayoría de personas lo encuentran relajante, y sus propiedades curativas han sido usadas por chamanes en todo el mundo. Para propósitos religiosos, se creía que el incienso de olor dulce agradaba a los dioses. Su aroma neutralizaba los desagradables olores creados con los sacrificios de sangre. Existía la creencia de que las oraciones eran llevadas por el aire hasta el cielo en el humo de olor dulce. En la iglesia católica, la calidad del incienso quemado refleja antigüedad y el estatus de la persona.

Yo disfruto utilizar incienso porque el aroma agradable limpia el aire, y crea un ambiente sagrado que me ayuda en el trabajo mágico. El humo ascendente simboliza mi magia extendiéndose hacia el universo.

Hay tres formas principales de incienso: suelto, cono y pebete. Muchas personas prefieren hacer su propio incienso, pero se consigue fácilmente en tiendas especializadas. El palito de incienso es el más popular porque es económico, no necesita equipo especial y arde por mucho tiempo. También puede ser apagado y reencendido cuando sea necesario. El incienso suelto es el más fácil de hacer, pero debe ser quemado con carbón vegetal, que produce hollín y humo. En un tiempo usaba conos de incienso, pero durante muchos años he utilizado, por conveniencia, sólo el palito de incienso. Al principio la cantidad de aromas era limitada, pero eso ya no es un problema. Asegúrese de que el incienso que compra sea de buena calidad. Los que son fabricados con base de goma, resina o madera le darán los mejores resultados.

La adición de fragancias al trabajo mágico puede empezar mucho antes del ritual. Es buena idea darse un baño antes de iniciar cualquier práctica mágica. Es una limpieza simbólica que se hace aun más agradable cuando se agregan hierbas a la bañera. Podría escoger hisopo, por ejemplo, que es conocido por sus propiedades purificantes. Otra posibilidad es el cedro, que es tranquilizante. Unas gotas de aceite esencial adicionadas a la tina son sumamente efectivas. Tal vez prefiera quemar un aceite de olor agradable en el cuarto de baño mientras se baña. Como alternativa, podría usar sales de buen olor simplemente porque disfruta esa fragancia. Es aceptable cualquier cosa que huela agradable y lo haga sentir bien.

Después del baño, puede ungirse con aceite si lo desea. Lo tradicional es poner un poquito de él sobre la frente, el corazón, las muñecas, justo por encima de los genitales, las rodillas y los pies. Un aceite esencial es perfecto para esto, pero, como ya se mencionó, lo que huela agradable para usted funcionará. Recuerde que los aceites son absorbidos por la piel. Cuando vaya a ungirse debe utilizar los aceites esenciales con moderación, pues podrían causar ardor.

Así como desarrollar la magia en el día y la hora apropiados aumenta la efectividad de la misma, un beneficio igual se logra al usar los aromas planetarios correctos. Hay olores específicos para cada uno de los planetas:

Sol: Acacia, ámbar, angélica, laurel, bergamoto, casia, canela, olíbano, jengibre, heliotropo, limón, caléndula, mejorana, almizcle, mirra, naranja, pachulí, romero, azafrán, girasol.

Luna: Áloe, ámbar, fresno, alcanfor, cedro, incienso de iglesia, damiana, hibisco, lirio, jazmín, enebro, mirto, menta piperita, amapola, rosa, romero, sauce, gaulteria, hamamelis de Virginia, ylang ylan.

Marte: Albahaca, laurel, cedro, canela, culantro, geranio, jengibre, madreselva, mentol, almizcle, apopónaco, ruda, zarzaparrilla, dragoncillo, cúrcuma, asperilla, ajenjo.

Mercurio: Grano de anís, albahaca, alcaravea, casia, canela, clavos, eneldo, avellano, lavanda, limón, lila, mejorana, nuez moscada, menta piperita, salvia, sándalo, verbena.

Júpiter: Agrimonia, áloe, bálsamo de Judea, fresno, cedro, clavos, copal, eucalipto, olíbano, hisopo, enebro, lavanda, lila, lima, mejorana, mirra, roble, pachulí, azafrán, sándalo.

Venus: Pimienta inglesa, almendra, fresno, hierba gatera, cereza, damiana, cornejo, geranio, lirio, jazmín, lavanda, luisa, artemisa, almizcle, mirto, nuez moscada, poleo, primavera, rosa, tomillo, valeriana, violeta.

Saturno: Grano de anís, incienso de iglesia, civeto, consuelda, ciprés, hiedra, almizcle, mirra, roble, pino, amapola, ruda, sasafrás, espicanardo, vetiver, sauce, gaulteria, milenrama, tejo.

Estas son sólo sugerencias. Puede usar cualquier aroma que le llame la atención, o desarrollar su trabajo mágico sin emplear fragancia alguna. La ceremonia debe ser a su gusto. Para muchas personas el incienso ayuda a crear el ambiente apropiado. Si usted lo disfruta, úselo copiosamente, pues le ayudará en su magia. Si no le gusta el aroma del incienso, o no puede emplearlo por alguna razón, realice el trabajo mágico sin él. Esto no afectará el resultado final, porque la intención y la concentración son los aspectos más importantes de cualquier tipo de magia. Esto hará que su magia funcione, con o sin el uso del incienso. Uno de los mejores magos que conozco es una asmática crónica, quien posiblemente tendría un ataque si se expone al incienso. Su magia funciona muy bien, demostrando que, aunque es útil para la mayoría de personas, no es esencial.

En su famoso libro, *The Magus*, publicado en 1801, Francis Barrett tuvo criterios claros sobre cuáles "humos" deben ser usados en diferentes ocasiones. Él sugirió "que, de acuerdo a la opinión de todos los magos, en cada asunto bueno (como amor, buena voluntad, etc.), debe haber un buen perfume, odorífero y valioso, . . . y en asuntos negativos (como odio, ira, miseria y cosas por el estilo), debe emplearse un humo fétido sin valor alguno".[3] La idea de un "humo fétido" es un buen disuasivo.

Este libro trata la magia blanca o positiva. Espero que no tenga la tentación de realizar asuntos negativos, pues todo lo que haga, bueno o malo, tiene una consecuencia. Esta es la ley kármica universal de causa y efecto. En su *Epístola a los Gálatas*, San Pablo escribió lo que podría ser considerado la esencia de la ley del karma: "todo lo que el hombre sembrare, eso también segará" (Gálatas 6:7).

Es importante tener esto en cuenta al desarrollar cualquier tipo de magia. El conocimiento de sí mismo también es de vital importancia, y la numerología es una forma efectiva de explorar nuestros más profundos deseos y motivaciones. La numerología también funciona muy bien en magia con velas, por eso será cubierta en el siguiente capítulo.

Ocho

Numerología y velas

La numerología es el antiguo arte de determinar la personalidad y el destino de un individuo a partir de la fecha de nacimiento y su nombre y apellido. La numerología tuvo su origen en China hace miles de años, y rápidamente se esparció alrededor del mundo. Fue modernizada por Pitágoras hace 2.600 años.

La numerología da muy buenos resultados en la magia con velas. Nadie es perfecto, y nuestras debilidades son claramente reveladas con la numerología. Luego podemos usar la magia con velas para ayudar a rectificar estos problemas, lo cual hará más fácil y satisfactorio nuestro camino por la vida.

Hay cuatro números principales en la numerología:

- El camino de vida representa el 40 por ciento de nuestra composición.
- La expresión representa el 30 por ciento de nuestra composición.
- El impulso del alma representa el 20 por ciento de nuestra composición.
- El día de nacimiento representa el 10 por ciento de nuestra composición.

Camino de vida

Nuestro camino de vida representa el propósito que tenemos en ella. Se determina con la fecha de nacimiento. Hay once posibilidades: los números del 1 al 9, más el 11 y el 22. Estos últimos son llamados números maestros, e indican que la persona es un alma vieja. En otras palabras, ha vivido antes en muchas encarnaciones y ya aprendió las lecciones más fáciles. En la vida actual, tiene la oportunidad de evolucionar mucho más.

Determinamos el número de nuestro camino de vida haciendo una suma en la fecha de nacimiento. Es exactamente el mismo cálculo que hicimos para hallar nuestra vibración cósmica. Usaremos como ejemplo el 12 de julio de 1973:

Mes	7
Día	12
Año	1973
	1992

Ahora reducimos esto a un solo dígito. Empezamos sumando $1 + 9 + 9 + 2 = 21$. Luego sumamos $2 + 1 = 3$. Esta persona tiene un camino de vida 3.

Otro ejemplo, esta vez para alguien que tiene un número maestro para su camino de vida.

Mes	2
Día de nacimiento	27
Año	1989
	2018

y $2 + 0 + 1 + 8 = 11$. Debido a que éste es un número maestro, no lo reducimos a un sólo dígito.

Este es otro ejemplo:

Mes	2
Día	29
Año	1944
	1975

y $1 + 9 + 7 + 5 = 22$

El cálculo debe ser hecho con el total, pues a veces los números maestros son perdidos cuando sumamos la fecha de nacimiento en línea. Esto es lo que sucede con la anterior fecha si la sumamos de la siguiente forma:

2 (mes) $+ 2 + 9$ (día) $+ 1 + 9 + 4 + 4 = 31$, y $3 + 1 = 4$.

Cada camino de vida tiene un propósito:

1 (rojo)

Las personas en un camino de vida 1 tienen que aprender a valerse por sí mismas y lograr la independencia. Una vez que lo hagan pueden convertirse en líderes, directores y creadores. Estas personas son resueltas, egocéntricas, y deben aprender de sus propios errores. Pueden ser solitarias siendo líderes, y de vez en cuando se encuentran llevando cargas de otros además de las propias.

2 (naranja)

Las personas en un camino de vida 2 son armoniosas, humanitarias, discretas, cooperativas, diplomáticas, y se adaptan fácilmente. Son sensibles, intuitivas y expresan bien sus sentimientos. Trabajan bien en la posición número dos, y son excelentes mediadores y pacificadores. Pocas veces reciben el reconocimiento pleno por sus contribuciones, pues tienden a ocultarse, evitando ser el centro de la atención.

3 (amarillo)

Las personas en un camino de vida 3 deben aprender a expresarse, idealmente de forma creativa. Son despreocupadas, amigables, sociables, y disfrutan la conversación e ideas nuevas. Tienen la tendencia a pasar las cosas a la ligera, gozando de las nuevas ideas, pero rara vez llevándolas hasta el fin. Sus mayores satisfacciones y recompensas se presentan cuando descubren y desarrollan sus talentos creativos, que son excepcionales.

4 (verde)

Las personas en un camino de vida 4 necesitan aprender el valor del trabajo duro, la disciplina, el sistema y el orden. Se dedican a campos prácticos, y son organizadas, dignas de confianza, pacientes y serias. Les gusta crear una base firme antes de proceder. Siempre son conscientes de las restricciones, y deben aprender a trabajar dentro de estos límites para crecer y desarrollarse.

5 (azul)

Las personas en un camino de vida 5 deben aprender a manejar la libertad y la variedad de forma constructiva. Sus talentos son variados, y elegir el campo correcto rara vez es fácil debido al número de opciones a su disposición. Son personas entusiastas, polifacéticas, inquietas e impacientes que aman el cambio, lo cual es favorable, pues experimentan su parte completa de cambio y variedad.

6 (índigo)

Las personas en un camino de vida 6 necesitan aprender las responsabilidades del hogar y la familia. Son humanitarias por naturaleza, y generalmente se sienten responsables de mucho más de lo que les corresponde. Son amorosas y bondadosas, y hacen amigos con facilidad. Pueden balancear situaciones desequilibradas de forma tranquila y eficaz. Pueden ser creativas y suelen poseer talento para la música.

7 (violeta)

Las personas en un camino de vida 7 deben aprender la espiritualidad. A lo largo de la vida crecen en sabiduría y conocimiento. Necesitan mucho tiempo a solas para meditar, analizar y entender. En general construyen una fuerte filosofía de vida. Son autónomas y necesitan aprender la confianza y adaptabilidad.

8 (rosado)

Las personas en un camino de vida 8 deben aprender la libertad material. Se dedican a campos prácticos y disfrutan de las recompensas que brinda el trabajo duro. Son ambiciosas, enérgicas, testarudas y pragmáticas. Se interesan por el estatus y desean lo mejor de todo.

9 (bronce)

Las personas en un camino de vida 9 necesitan aprender el humanitarismo. Sus mayores placeres surgen al dar a los demás lo que pueden, y usualmente reciben poco. También son sociables, idealistas, solidarias y sensibles. Se interesan más por la humanidad en general que en individuos en particular. Tienen buena imaginación y talento creativo. A menudo les toma mucho tiempo averiguar cómo usar estos dones.

11 (plateado)

Las personas en un camino de vida 11 deben aprender a aprovechar las percepciones adicionales y el potencial que brinda un número maestro. Esto crea un grado de tensión nerviosa que frecuentemente actúa contra los intereses de estas personas. Es probable que todos, excepto ellas, sean conscientes del enorme potencial que poseen. Son soñadores idealistas y poco prácticos que necesitan analizar y evaluar sus pensamientos antes de actuar. Deben aprender a confiar en su intuición.

22 (*dorado*)

Las personas en un camino de vida 22 deben aprender a emplear la tensión nerviosa que las rodea y lograr algo grande y valioso. Una vez que son conscientes de su enorme potencial y se dedican a algo que los desafía, el éxito está asegurado. Estas personas son inortodoxas, poco convencionales y a menudo carismáticas.

Expresión

El número de expresión revela las capacidades naturales de la persona. Este número se deriva de todas las letras del nombre y apellido al nacer, convertidos en números, y reducidos a un sólo dígito (o número maestro). Las letras son convertidas en números usando una tabla en la que A es 1, B es 2, y así sucesivamente hasta llegar a la I, que es 9. Luego la J pasa a ser 1 otra vez, y el ciclo continúa:

1	2	3	4	5	6	7	8	9
A	B	C	D	E	F	G	H	I
J	K	L	M	N	O	P	Q	R
S	T	U	V	W	X	Y	Z	

Usemos Tom Jones como ejemplo. Cuando nació, sus padres lo llamaron Thomas Wilberforce Jones. Él siempre odió el nombre Wilberforce, pero aún es usado al determinar su número de expresión. Igualmente, nunca ha sido llamado Thomas, pero lo emplearemos, en lugar de Tom, para determinar este número.

```
THOMAS   WILBERFORCE   JONES
286411   59325966935    16551
   22        62/8         18/9
```

22 + 8 + 9 = 39, y 3 + 9 = 12. 1 + 2 = 3. El número de expresión de Tom es 3.

Si nos dirigimos al número 3 en las interpretaciones de los números dadas para los caminos de vida, veremos cuales son los talentos de Tom. Es probable que sea sociable, extrovertido y buen conversador. Tendrá buen gusto y quizás posee un talento creativo de algún tipo.

Veamos otro ejemplo. Jan Felgrew fue llamada Janice Davina Miller al nacer. A pesar de cambiar su apellido cuando se casó, y el hecho de que siempre fue conocida como Jan, usaremos su nombre y apellido de nacimiento para determinar su expresión.

```
JANICE   DAVINA   MILLER
115935   414951   493359
 24/6     24/6     33/6
```

6 + 6 + 6 = 18, y 1 + 8 = 9. El número de expresión de Jan es 9.

De nuevo, si vemos la lista de significados, encontramos que Jan es naturalmente buena para ayudar a los demás. Es solidaria, protectora, generosa y bondadosa.

Impulso del alma

El impulso del alma revela nuestras motivaciones internas. Muchas personas encuentran difícil reconocer este número en sí mismas, debido a que actúa como una fuerza motivadora oculta en sus vidas. Es muy útil saber cuál es este número, pues podemos emplear las energías del impulso del alma para lograr nuestros objetivos.

El impulso del alma se deriva de las vocales del nombre y apellido de la persona en el nacimiento, reducido a un solo dígito (o número maestro). Para complicar esto, la Y es frecuentemente clasificada como vocal. Cuando actúa como tal (como en los nombres Yvonne, Mervyn y Harry), es tomada como vocal. Si la Y sigue a otra vocal y no se pronuncia separadamente (como en Kaye, Hayden y Beythe), también es clasificada como vocal.

El siguiente es un ejemplo:

```
DONNA   MARIE   CARMODY
  6    1    1 9 5    1    6 7
       7      15/6         14/5
```

7 + 6 + 5 = 18, y 1 + 8 = 9. El impulso del alma de Donna es 9. Esto significa que está motivada a ayudar a la gente, y quiere compartir su creatividad con los demás.

Veamos otro ejemplo:

HAYDEN   MCINEARNY JOHNSON
   17 5   9 51   7   6   6
   13/4   22   12/3

4 + 22 + 3 = 29, y 2 + 9 = 11. El impulso del alma de Hayden es 11. Esto significa que su motivación es compartir con los demás su visión idealista de la vida. Es probable que sea un soñador talentoso que se visualiza ayudando a la humanidad de algún modo.

Día de nacimiento

El número del día de nacimiento es este día reducido a un solo dígito o número maestro. Los días de nacimiento de número maestro son el 11, 22 y 29 de cualquier mes.

El día de nacimiento es el 10 por ciento final de nuestra composición, y tiene influencia sobre los otros números. Veamos un ejemplo, alguien nacido el 9 de cualquier mes tendría un día de nacimiento 9. Esto suavizaría el enfoque más agresivo que tendría esta persona si su camino de vida fuera 1. Si estos números están invertidos, y la persona tiene un camino de vida 9, el día de nacimiento 1 asegura que ella se ocupe de sus propias necesidades, junto con las de todos los demás.

Cómo usar los colores numerológicos

Es posible que dos o más de los cuatro colores de nuestra composición numerológica sean los mismos. Por consiguiente, cada persona tendrá uno, dos, tres o cuatro colores diferentes que la representan. Usted puede usar cualquiera de ellos, o todos, para representarse en cualquier clase de magia con velas.

Si la magia tiene que ver con su propósito en la vida, escogería una vela que represente su camino de vida. Si el trabajo mágico es hecho para desarrollar o mejorar sus capacidades naturales, debe usar el color que represente su expresión. Finalmente, si la magia se relaciona con sus deseos más profundos, usaría el color que represente su impulso del alma.

Ejercicio de autofortalecimiento

Todos necesitamos fortalecernos de vez en cuando. Cuando una persona se siente bien consigo misma, puede lograr prácticamente todo. La falta de valor personal es un gran defecto de la humanidad. Este breve ejercicio de autofortalecimiento aumentará su autoestima y le permitirá lograr mucho más de lo que creía posible.

Necesitará cuatro velas para representar sus cuatro números principales. No importa si dos o más de ellos son los mismos. Supongamos que sus números son: camino de vida 1, expresión 1, impulso del alma 5, y día de nacimiento 4. Esto significa que necesita dos velas rojas, una azul y una verde.

Póngalas en hilera sobre un altar o mesa. La vela que representa su camino de vida debe estar a su izquierda, mirando hacia la hilera, y la vela del día de nacimiento a la derecha. Prenda las cuatro velas y siéntese a observarlas en una silla cómoda. Vea las llamas brillando con luz mortecina, pero no se concentre en una sola vela. Piense en su vida en términos generales. Podría pensar en aspectos de su pasado, o mirar hacia adelante y pensar en sus esperanzas y sueños. Deje que su mente divague y toque cualquier aspecto deseado de su vida. Gradualmente, empezará a pensar en los asuntos importantes para usted en el momento presente. Mientras mira las velas, piense en la situación actual y avance hacia el futuro, viéndose seguro de sí mismo, fuerte y capaz de lograr cualquier cosa. Retenga este pensamiento todo el tiempo que pueda. Cuando su mente empiece a divagar de nuevo, apague las velas, empezando con la del día de nacimiento, seguida por el impulso del alma, la expresión y finalmente el camino de vida.

Una vez que termine este ritual, seguirá con su vida cotidiana tranquila y relajada, sintiéndose seguro de sí mismo. Repita este ritual las veces que quiera, o cuando lo considere necesario. Si le hace falta confianza, o tiene un objetivo importante por lograr, hágalo diariamente. Si su vida en general es como la desea, desarrolle este ejercicio una vez a la semana. No puede hacerlo con demasiada frecuencia.

Ejercicio del propósito final

Para este ejercicio necesitará una vela que represente su camino de vida. Escoja la vela más atractiva que pueda encontrar. Póngala sobre una mesa, y siéntese en una silla derecha, con sus brazos descansando sobre la mesa, y las manos a cada lado de la vela.

Por unos momentos contemple la vela apagada, que lo simboliza a usted como está ahora. Representa su potencial y lo que puede lograr. Cierre los ojos y piense en el propósito de su existencia. Mire hacia atrás en su vida y luego proyéctese para ver cómo será la misma cuando siga plenamente la dirección correcta.

Cuando esté listo, encienda la vela y rodéela con las manos. Tome algunas respiraciones profundas y exhale lentamente. Mire fijamente la llama, e imagine el humo dirigiéndose al universo para atraer lo que usted necesita a fin de cumplir su propósito en esta vida.

Cierre los ojos por unos momentos, y visualícese cómo va estar cuando logre su propósito. Espere hasta que tenga una sensación de confianza y aceptación. Esto muestra que su ser interior está preparado para ayudarle a conseguir su objetivo.

Abra los ojos y mire fijamente la llama uno o dos minutos. Pida dirección, protección o sabiduría que podría necesitar. Si no está seguro de cómo cumplir el propósito de su vida, pida ayuda ahora. Yo prefiero decir las palabras en voz alta, pero usted puede hacerlo silenciosamente si quiere.

Diga "gracias" tres veces, apague la vela, párese y estírese. Escriba en un diario o cuaderno las percepciones que tuvo mientras desarrollaba este ejercicio.

Use la vela únicamente para este ejercicio. Cada vez que lo haga tendrá nuevos discernimientos. Por eso es importante poner por escrito los sentimientos experimentados tan pronto termine el ejercicio.

Ejercicio para desarrollar sus capacidades

En este ejercicio necesita una vela para simbolizar su número de expresión. Siéntese en una mesa, con una vela frente a usted, de la misma manera que en el ejercicio del propósito final. Cierre los ojos y piense en el gran número de talentos y destrezas que posee. Conozco muchas personas que creen que no tienen talentos especiales, pero ese no es el caso. Todos somos buenos para algo. Usted podría ser un buen oyente, por ejemplo. Tal vez tiene empatía con gente joven o mayor. Sus habilidades y talentos no necesitan estar relacionados con deportes o actividades intelectuales. Seguramente es mejor ser una persona buena, amable y amorosa, que correr cien yardas en menos de diez segundos.

No es el momento de ser modesto, nadie sabrá lo que está pensando. Haga una lista de sus diferentes talentos una por una y decida cúal es el que desea desarrollar más.

Una vez que dicho talento esté claro en su mente, abra los ojos y encienda la vela. Rodéela con sus manos, o si lo prefiere, puede sostener la vela. Piense en el talento que quiere desarrollar mientras mira fijamente la llama. Piense en su deseo dirigiéndose al universo y visualice que llega a usted todo lo que necesita para cumplirlo. Imagine cómo estará cuando este talento haya sido desarrollado.

Pida la ayuda que necesita para realizar su objetivo. Un amigo mío pidió un nuevo profesor de violín y sólo dos días después conoció a la persona perfecta.

Mire fijamente la llama y diga "gracias" tres veces, luego apáguela. Párese, estírese y escriba las percepciones que recibió mientras hacía el ejercicio.

Ejercicio de motivación

Este ejercicio es similar a los dos anteriores. Sin embargo, no debe ser hecho hasta haber recibido conocimiento de ellos. Necesitará una vela que simbolice su impulso del alma.

Siéntese cómodo y encienda la vela. Mire fijamente la llama y en silencio pida la motivación necesaria para realizar sus objetivos.

Recuerde que tiene un potencial ilimitado y puede lograr cualquier cosa que fije en su mente. Encuentro útil decir en voz alta: "tengo un potencial ilimitado". Repito estas palabras hasta que siento que una ola de entusiasmo y energía pasa a través de mí, confirmando la verdad en ellas.

Cuando haya llegado a esta etapa, diga en voz alta: "lograré (objetivo), lo merezco, y estoy preparado para hacer lo necesario a fin de realizarlo; gracias (la deidad que prefiera) por permitirme lograr este objetivo".

Mire fijamente la llama uno o dos minutos más. Cuando sienta que es el momento apropiado, diga "gracias" tres veces, y apague la vela. Párese, estírese y continúe con su día, seguro de que logrará su propósito.

Factores kármicos

El karma es la ley de causa y efecto. Es completamente imparcia, y algunos lo asocian con retribución y castigo, pero ese no es el caso. El karma significa que al final todo se equilibra. Si hacemos un acto bueno hoy, estamos acumulando méritos kármicos. Igualmente, si hacemos algo malo, al final pagaremos el karma negativo que creamos. En general las personas crean karma positivo y negativo todo el tiempo.

Es fácil determinar cuáles factores kármicos, si los hay, se aplican en nuestras relaciones. Esto ocurre sólo si compartimos la primera vocal de nuestro nombre de pila con alguien cercano a nosotros. Por ejemplo, mi nombre es Richard. Si tuviera una relación con una mujer llamada Hillary, Ivy, Philippa, o cualquiera que tenga una i como primera vocal, habría un elemento kármico en nuestra relación que viene de una vida anterior.

Si Sandy se compromete con David, habría un elemento kármico no resuelto en su relación. Sin embargo, no pasaría esto si ella comparte sus días con Douglas, Henry o William. Tal vez compartió una vida anterior con alguno de ellos, pero cualquier karma creado fue resuelto antes de la encarnación actual.

Hay factores kármicos involucrados sólo en relaciones cercanas y continuas. Es improbable que haya un elemento kármico si su nombre es Janet y por casualidad trabaja con alguien llamado Jason.

La gente tiende a pensar que los factores kármicos que vienen de una vida anterior siempre son malos. Ese no es siempre el caso. Si dos personas tuvieron juntas una vida pasada feliz y armoniosa, tal vez han regresado a esta encarnación para afianzar más sus lazos sentimentales. Esto pasa si las dos tienen el mismo número de impulso del alma. Existe únicamente la una para la otra, y son las personas más afortunadas.

Todo lo que vale la pena requiere mucho trabajo duro, y estas personas se han esforzado mucho en sus relaciones en vidas pasadas, además de la actual, para llegar a esta etapa.

Las relaciones kármicas son experiencias de aprendizaje, y las dos personas son unidas en esta vida para resolver asuntos que no fueron rectificados en una encarnación anterior. Por lo general esto no es algo fácil, pero la magia con velas puede ayudar a resolver relaciones kármicas problemáticas, y permite que la pareja supere sus dificultades.

Necesitará una vela para representar las dos personas involucradas. La forma más simple es usar numerología básica:

A = Rojo
E = Azul
I = Bronce
O = Índigo
U = Amarillo
Y = Violeta

Regidores planetarios de las vocales

Si lo prefiere, puede usar los colores relacionados con los regidores planetarios de las vocales:

A = Marte = Rojo
E = Venus = Verde
I = Saturno = Negro
O = Júpiter = Azul
U = Luna = Blanco
Y = Mercurio = Naranja

Ejercicio de factores kármicos

Necesitará dos velas del mismo color para simbolizarse a sí mismo y a su pareja. Póngalas en lados opuestos de una mesa. Enciéndalas y luego siéntese en una silla derecha entre ellas. Mire directo hacia adelante, de tal forma que pueda ver las dos llamas con su visión periférica. Piense en su relación y lo valiosa que es para usted. Acepte el hecho de que por ser una unión kármica, no es probable que sea fácil, pero le permitirá a ambos aprender y crecer enormemente en esta encarnación. Piense en algunos de los momentos felices que han compartido, en el día que se conocieron, y lo que vio en él o ella. Piense en cuánto quiere que su relación siga creciendo y desarrollándose.

Haga una pausa y acerque las velas unas pulgadas hacia el centro de la mesa.

Continúe con la mirada entre las dos velas y piense en su relación en términos generales. Diga en voz alta: "quiero que nuestra relación funcione". Acerque las velas unas pulgadas más hacia el centro de la mesa.

Piense en el futuro, y en cuánto desea que la relación crezca y evolucione. Diga en voz alta: "quiero que nuestra relación sea duradera". Mueva las velas otra vez.

Siga haciendo esto, pensando en su relación, y acercando las velas poco a poco hasta que se toquen. Cuando finalmente entren en contacto, rodéelas con las manos, cierre los ojos unos segundos, y diga: "gracias, gracias, gracias".

Apague las velas, tome varias respiraciones profundas, y deje que el universo trabaje en sus dificultades. Guarde las velas cuidadosamente. Siga haciendo este ejercicio a intervalos regulares hasta que las velas se hayan consumido por completo.

Se cree que la numerología comenzó cuando Wu de Hsia, de quien se afirma fue el primer emperador de China, notó marcas extrañas en el caparazón de una tortuga hace cinco mil años. El feng shui proviene de la misma fuente, al igual que el concepto de los cinco elementos. Debido a que cada elemento se relaciona con una dirección y un color, el conocimiento de estos puede mejorar nuestra capacidad en la magia con velas. Veremos esto en el siguiente capítulo.

Nueve
Los cinco elementos

En los últimos años el feng shui se ha vuelto muy popular en todo el mundo. Entre otras cosas, ha introducido en los occidentales el antiguo concepto chino de los cinco elementos: madera, fuego, tierra, metal y agua. Aunque se relacionan con los objetos físicos los que toman sus nombres, deben ser considerados como tipos diferentes de energías, en lugar de algo físico. Cada elemento está asociado a un color, estación, dirección y planeta. Todo está simbólicamente hecho de estos cinco elementos, y podemos crear armonía en nuestra vida usando tales energías. En el apéndice A encontrará su elemento personal.

Usted puede utilizar las numerosas asociaciones de los cinco elementos para darle mayor efectividad a la magia con velas. Por ejemplo, podría usarlos para escoger la vela de color correcta para su objetivo específico. Puede emplear la magia con velas, junto con los elementos, para llevarse mejor con todas las personas importantes en su vida. Prender las velas asociadas con los elementos también le ayudará a meditar, fortalecerse interiormente, reducir el estrés y lograr sus objetivos.

Madera

La madera se relaciona con el color verde, la primavera y el Este. Si éste es su elemento, será creativo y deseará expresarse de algún modo. También será sociable y congeniará fácilmente con las personas, aunque en ocasiones sea testarudo. Esto se debe a que la madera puede ser flexible (sauce), pero también fuerte e inflexible (roble).

El color verde tiene una variedad de matices que oscilan entre el verde oliva hasta el verde azulado, y un verde lima casi amarillo.

Fuego

El fuego se relaciona con el color rojo, el verano y el Sur. Si éste es su elemento, estará lleno de energía y entusiasmo. Sin embargo, debe recordar que aunque el fuego calienta y anima, también puede quemar y destruir.

El color rojo oscila entre el rojo fuego y el marrón, violeta, morado oscuro, rojo anaranjado y rosado.

Tierra

La tierra está asociada con los colores café y amarillo. No se relaciona con ninguna dirección, sino con el centro. Si es su elemento, será paciente, honesto, metódico y trabajador. La gente congeniará fácilmente con usted, pero tendrá una visión inflexible de la vida.

Cualquier color de tierra puede ser usado al escoger una vela. Estos van desde el café y azafrán, hasta el naranja y el amarillo.

Metal

El metal se relaciona con los colores dorado, plateado y blanco, el otoño y el Oeste. Si éste es su elemento, se dedicará a actividades financieras y comerciales. El metal simboliza cosecha y éxito.

El blanco y el dorado son los colores tradicionales para este elemento, pero también se puede usar cualquier color metálico.

Agua

El agua se relaciona con los colores azul y negro. Representa la estación de invierno y el Norte. Si éste es su elemento, se interesará en los viajes, comunicación y aprendizaje. Podría dedicarse a las artes, los medios de comunicación y posiblemente la literatura.

El azul y el negro son colores tradicionales del elemento agua. Los matices del azul van desde el azul oscuro, pasando por el azul marino, hasta el azul turquesa casi verde.

Los elementos se relacionan entre sí de diferentes formas, y hay dos ciclos que ilustran esto. El primero es conocido como ciclo productivo.

Ciclo de producción

El ciclo productivo también se conoce como ciclo de nacimiento y ciclo de armonía. La secuencia es:

Madera – Fuego – Tierra – Metal – Agua – Madera

La madera arde y crea fuego. Del fuego surgen cenizas, que simbólicamente crean tierra. El metal proviene de la tierra, lo que significa que la tierra crea metal. Éste se liquida, lo cual crea agua simbólicamente. El agua alimenta y crea la madera.

Este ciclo interminable muestra cómo cada elemento alimenta y apoya al elemento que sigue en el ciclo. Por ejemplo, la madera ayuda al fuego, éste ayuda a la tierra, y así sucesivamente.

Este ciclo puede ser visto a la inversa, y se conoce como ciclo de reducción. Aquí cada elemento tiene un efecto calmante sobre el elemento que lo precede en el ciclo.

Por consiguiente, el elemento que precede su elemento en el ciclo productivo lo alimenta y apoya, y es calmado por el elemento que sigue en la serie. Por ejemplo, si su elemento es metal, usted es alimentado por la tierra y calmado por el agua. La madera es nutrida por el agua y calmada por el fuego.

Ciclo de destrucción

El ciclo destructivo tiene un efecto contrario al ciclo productivo, y tiene la siguiente secuencia:

Fuego – Metal – Madera – Tierra – Agua – Fuego

En esta sucesión, el fuego funde al metal. El metal corta la madera. Ésta surge alimentándose de la tierra. La tierra produce agua, y ésta apaga el fuego.

Puede usar estos ciclos de diferentes formas:

1. Si quiere meditar con tranquilidad, prenda una vela del color que represente su elemento. Si pertenece al elemento fuego, por ejemplo, debería prender una vela roja.

2. Si desea lograr un determinado objetivo, encienda una vela del color del elemento que precede el suyo en el ciclo productivo. Por ejemplo, si su elemento es madera, prendería una vela azul o negra.

3. Si está estresado, enojado o molesto, encienda una vela que se relacione con el elemento que sigue al suyo en el ciclo de producción. Si su elemento es tierra, por ejemplo, debería prender una vela dorada, plateada o blanca.

4. Si quiere fortalecerse en su interior, haga un ritual usando tres velas: una que represente su elemento, una para el elemento que precede al suyo, y otra para el elemento que sigue. Por ejemplo, si pertenece al elemento metal, pondría una

vela dorada, plateada o blanca en el centro de su altar. A un lado de ella ubicaría una vela amarilla o café (elemento tierra), y en el otro lado colocaría una vela azul o negra (elemento agua).

5. Si tiene una relación con alguien cuyo elemento sigue después del suyo en el ciclo de destrucción, debe determinar cuál elemento está entre ellos en el ciclo de producción, y prender una vela de ese color en su altar para neutralizar cualquier negatividad potencial. Supongamos que su elemento es madera y está entrando a una relación con alguien del elemento tierra. En el ciclo de producción, el fuego está entre la madera y la tierra. Por lo tanto, encendería una vela roja para simbolizar el elemento fuego.

Desarrollo personal

Podemos llevar más lejos lo anterior usando los elementos para ayudarnos a progresar en diferentes áreas de la vida. Por ejemplo, si usted desea más dinero, debe prender una vela que se relacione con el elemento que sigue después del suyo en el ciclo de destrucción. Si su elemento es madera, encendería una vela amarilla o café, porque tierra es el elemento que sigue después de madera en dicho ciclo.

Si quiere un mejor estatus o mayor reputación en la comunidad, se beneficiaría prendiendo una vela asociada con el elemento que precede al suyo en el ciclo de destrucción. Si su elemento es metal, debe encender una vela roja, ya que fuego es el elemento que precede a metal.

Si desea más apoyo, reconocimiento y autoridad, prenda una vela que se relacione con el elemento que precede al suyo en el ciclo de producción. Por ejemplo, si su elemento es agua, encendería una vela dorada, plateada o blanca, pues metal precede a agua en el ciclo productivo.

Si está estudiando o quiere expresarse de algún modo, debe encender una vela asociada con el elemento que sigue después del suyo en el ciclo de producción. Por ejemplo, si su elemento es madera, deberá encender una vela roja ya que fuego es el elemento que sigue después de madera en el ciclo productivo.

Si tiene problemas con amigos o colegas, encienda una vela del elemento que lo representa. Si pertenece al elemento fuego, por ejemplo, debería prender una vela roja.

Personas en nuestra vida

Las personas importantes en nuestra vida son representadas por diferentes elementos. Estos no son necesariamente los elementos personales asociados con sus años de nacimiento. Estos elementos revelan la relación de tales personas con nosotros. Debemos prender velas de los colores que se asocian con ellos cada vez que queramos ayudarlas de algún modo. Por ejemplo, si alguien está enfermo, encienda una vela del color relacionado con el elemento de esa persona en la tabla que aparece más adelante. Puede hacer lo mismo si tiene dificultades con alguien cercano a usted. Si alguien necesita motivación, valor, fortaleza o apoyo, prenda una vela para ayudarlo; ella le transmitirá sus bendiciones.

El origen de estas relaciones familiares es interesante y lógico. Por ejemplo, los hijos de la madre son siempre del elemento que sigue después del elemento de ella en el ciclo de producción. Esto se debe a que los da a luz. Igualmente, su esposo siempre pertenece al elemento que precede al suyo en el ciclo de destrucción. Esto es debido a que tradicionalmente él la conquista.

En el grupo de elementos de un hombre, los hijos siempre pertenecen al elemento que precede al suyo en el ciclo de destrucción. Esto es así porque ellos crecen y gradualmente lo reemplazan mientras él envejece y finalmente muere. Esto significa que su padre pertenece al elemento que es destruido por el suyo en el ciclo de destrucción. (Su padre y su esposa son "destruidos" por el mismo elemento).

Hombre madera

Elemento	Persona
Madera	Él mismo, hermanos, hermanas
Tierra	Esposa, padre
Metal	Hijos
Agua	Madre

Mujer madera

Elemento	Persona
Madera	Ella misma, hermanos, hermanas
Tierra	Padre
Metal	Esposo
Agua	Madre
Fuego	Hijos

Hombre fuego

Elemento	Persona
Fuego	Él mismo, hermanos, hermanas
Metal	Esposa, padre
Agua	Hijos
Madera	Madre

Mujer fuego

Elemento	Persona
Fuego	Ella misma, hermanos, hermanas
Tierra	Hijos
Metal	Padre
Agua	Esposo
Madera	Madre

Hombre tierra

Elemento	Persona
Tierra	Él mismo, hermanos, hermanas
Agua	Esposa, padre
Madera	Hijos
Fuego	Madre

Mujer tierra

Elemento	Persona
Tierra	Ella misma, hermanos, hermanas
Metal	Hijos
Agua	Padre
Madera	Esposo
Fuego	Madre

Hombre metal

Elemento	Persona
Metal	Él mismo, hermanos, hermanas
Madera	Esposa, padre
Fuego	Hijos
Tierra	Madre

Mujer metal

Elemento	Persona
Metal	Ella misma, hermanos, hermanas
Agua	Hijos
Madera	Padre
Fuego	Esposo
Tierra	Madre

Hombre Agua

Elemento	Persona
Agua	Él mismo, hermanos, hermanas
Fuego	Esposa, padre
Tierra	Hijos
Metal	Madre

Mujer agua

Elemento	Persona
Agua	Ella misma, hermanos, hermanas
Madera	Hijos
Fuego	Padre
Tierra	Esposo
Metal	Madre

Experimente con los cinco elementos. Que yo sepa, no han sido usados antes en magia con velas, y usted tiene la oportunidad de desarrollar una investigación original y valiosa. Registre sus resultados durante un período de tiempo para que pruebe la efectividad de los cinco elementos cuando se emplean en magia con velas.

Habrá ocasiones en las que deseará ocultar de otras personas lo que está haciendo, o tal vez quiera adicionar poder a su trabajo mágico. Usar un alfabeto mágico puede ayudarlo en las dos cosas. Veremos esto en el siguiente capítulo.

Alfabetos mágicos

Los alfabetos secretos han sido usados en magia, y para otros propósitos, durante miles de años. Las runas y los oghams son los ejemplos más conocidos de alfabetos mágicos antiguos.

Algunos fueron inventados para que cierta información importante permaneciera secreta. Ejemplos de éstos fueron los alfabetos secretos usados por el Vehmgericht y la Inquisición. El Vehmgericht, que según se afirma fue fundado en el año 772 por el emperador Carlomagno, consistía en varios grupos de vigilantes que actuaban como ejecutores secretos de la justicia. En el siglo XV, el Vehmgericht se alió a la Inquisición. Para ocultar sus registros, estas sombrías organizaciones idearon alfabetos secretos basados en unos mágicos que se usaban en esa época. Sus alfabetos ya no se usan, y son de interés en la actualidad sólo para los historiadores.[1]

El secreto es una razón válida para emplear un alfabeto mágico. Los magos medievales solían trabajar en solitario y no querían que nadie más conociera sus secretos. Por consiguiente, registraban sus descubrimientos y exploraciones en grimoires utilizando un alfabeto secreto. Si usted quiere inscribir sobre una vela un mensaje o el nombre de alguien para un propósito particular, pero por varias razones no desea que otras personas sepan lo que ha escrito, usar un alfabeto mágico resuelve el problema.

La razón más usual para emplear esta clase de alfabeto, es que nos fuerza a concentrarnos en lo que estamos haciendo. Por ejemplo, si usted tiene una vela para representar a una mujer llamada Michele, podría inscribir su nombre en sin pensar en él. Esto se debe a que está tan acostumbrado a usar tal idioma, que su mano puede escribir la palabra con poco esfuerzo consciente. Sin embargo, ocurre lo contrario si la escribe usando un alfabeto secreto. Por ejemplo, si escribiera Michele con el alfabeto tebeo, se vería forzado a concentrarse en cada movimiento que haga. Esto lo ayuda a enfocarse en su propósito mientras trabaja en la vela.

Cuando sea posible, cada vez que esté inscribiendo el nombre de alguien sobre una vela, incluya información adicional acerca de la persona. Podría inscribir su signo zodiacal, ascendente, número de camino de vida, elemento personal, fecha de nacimiento, apodo, rasgos de carácter, flor favorita, o cualquier cosa que usted sepa de esa persona. Si no sabe su nombre, lo cual es común en rituales destinados a atraer una pareja, inscriba en la vela las características que le gustaría encontrar en esta persona.

En el pasado, los magos solían saber griego, latín y hebreo, y usaban estas lenguas para mantener su conocimiento oculto de gente con menos educación. Además de esto, fueron inventados alfabetos esotéricos para asegurar una mayor confidencialidad. La mayoría de ellos fueron transmitidos de mago a mago, y como resultado han surgido errores y variaciones. No se conoce de dónde se derivan la mayoría de estos alfabetos.

Sin embargo, los historiadores han descubierto los orígenes de algunos. El lenguaje "enochian" fue revelado por la clarividencia del doctor John Dee y su colega Edward Kelly (escrito también Kelley), y el alfabeto de los magos (de la religión zoroástrica) se publicó inicialmente en 1870.[2] Cornelio Agripa fue la primera persona en publicar una forma secreta de escribir números, y también explicó letras sagradas y escritura celestial o angélica.[3] El alfabeto angélico aún es usado por algunos magos ceremoniales. Estos magos también utilizan el "Malachim" (también conocido como lenguaje de los magos) y alfabetos de "atravesar el río".

La escritura tebea, también conocida como "Honoria", es un popular alfabeto usado por muchos hechiceros gardnerianos. En realidad, a veces se conoce como "runas de los hechiceros", lo cual es incorrecto.

Francis Barrett listó varios alfabetos esotéricos en su libro *The Magus*, publicado en 1801. Desde entonces han sido publicados docenas de ellos.[4]

Algunos alfabetos son comparativamente fáciles de hacer, mientras otros tienen un mayor grado de dificultad. A través de los años he experimentado con varios, y considero que el templario es el más fácil de inscribir en una vela. También he usado el alfabeto ogham y las runas.

He incluido varios alfabetos mágicos en el apéndice B. Experimente y decida por cuáles se inclina. Recuerde usar sólo un alfabeto en cualquier ritual. Las velas pierden parte de su efectividad si una es inscrita en tebeo, otra con runas, y una tercera en ogham. En realidad, es mejor que elija un alfabeto que le guste, y lo use exclusivamente.

Incluso podría crear su propio alfabeto mágico. Conozco varias personas que han hecho esto. Es un interesante ejercicio intelectual, y terminará con algo único y especial. Esto asocia más a la vela con usted y su magia. Bill Whitcombe presenta un capítulo dedicado a la creación de nuestros propios alfabetos mágicos, en su excelente libro *The Magician's Reflection*.[5]

Podemos inscribir la información en la vela de la forma que deseemos. Yo solía usar una aguja de tejer caliente, pero descubrí que funcionaba mejor un cuchillo afilado. Un amigo mío utiliza un soldador. Funciona bien para él, pero yo tuve problemas con cera derritiéndose cuando trate de usarlo, y se me dificultó hacer un trabajo que luciera bien.

La mayoría de personas inscriben sus mensajes del extremo superior de la vela hacia la base. Si el mensaje es una sola palabra, podemos inscribirlo en línea recta. Sin embargo, si es extenso, hay que inscribirlo en espiral alrededor de la vela, comenzando en el extremo superior.

Muchos magos todavía registran sus experimentos utilizando un alfabeto mágico. Actualmente esto no es esencial, pues los computadores nos permiten ocultar información por medio de una serie de contraseñas y otros mecanismos de protección. Los alfabetos mágicos seguirán siendo usados siempre que sea necesario ligar palabras con objetos, tales como velas, que podrían ser vistas por los no iniciados.

Los cuadrados mágicos, al igual que los alfabetos, ocupan un pequeño pie de página en la historia. Son considerados como sólo una curiosidad por los matemáticos, pero su influencia en la magia ha sido increíble. Los veremos en el siguiente capítulo.

Once

Cuadrados mágicos

Los cuadrados mágicos han sido usados en la magia durante miles de años. Se cree que el primer cuadrado mágico fue encontrado en las marcas del caparazón de una tortuga en China. El primero de los legendarios emperadores fue Wu de Hsia (2953–2838 a. C.). Antes de ser emperador, él supervisaba trabajos de riego en el río Amarillo. Un día, mientras trabajaba con sus hombres, una gran tortuga salió del río. Esto fue considerado un buen presagio, pues en esos tiempos se creía que los dioses vivían dentro del caparazón de dicho animal. Al examinar la tortuga en detalle, encontraron un cuadrado mágico perfecto en las marcas del caparazón. Wu consideró esto tan importante, que todos los sabios de la época fueron llamados para que lo examinaran. De este estudio surgió la astrología y numerología china, el I Ching, el feng shui, el ki y el kigaku.

Un cuadrado mágico es un arreglo de números en el que cada hilera horizontal, vertical y diagonal suma el mismo total. El cuadrado mágico sobre el caparazón de la tortuga era de tres por tres:

4	9	2
3	5	7
8	1	6

Hasta que los matemáticos se interesaron en ellos hace 200 años, los cuadrados mágicos fueron usados principalmente para propósitos talismánicos y de adivinación. Aún son importantes en la magia asiática, donde son conocidos como yantras. Los cuadrados mágicos se hicieron populares en la tradición mágica occidental gracias a las exploraciones de Abbot Johannes Trithemius (1462–1516), Peter d'Abano (c. 1250– c. 1316), Cornelio Agripa (c. 1486–1535) y Francis Barrett (c. 1774–?), quienes abogaron por el uso de cuadrados mágicos como talismanes.

El cuadrado mágico es llamado kamea en hebreo. En la cábala, los siete kameas son asociados con los siete planetas tradicionales en el árbol de la vida. Se cree que cada planeta posee un espíritu o mente que puede guiar, inspirar y dirigir a través del kamea.

Hay un kamea, o cuadrado mágico, para cada día de la semana. Esto nos permite realizar magia con velas todos los días. En lo más básico, todo lo que se requiere es hacer un cuadrado mágico para el día de la semana que sea, y quemarlo en una vela del color apropiado. Pero es más que eso, e idealmente, deberíamos crear un ritual formalizado para asegurar que recibamos todos los beneficios que esperamos.

Todos estos rituales emplean sólo una vela.

Domingo

Empiece haciendo el cuadrado mágico del Sol en una hoja de papel fino. Me gusta hacer esto en mi altar. También pongo una vela dorada en el centro.

6	32	3	34	35	1
7	11	27	28	8	30
19	14	16	15	23	24
18	20	22	21	17	13
25	29	10	9	26	12
35	5	33	4	2	31

Tome su tiempo, y haga el cuadrado mágico lo más ordenado posible. Mientras lo elabora, tenga pensamientos agradables de paz universal, amor y bondad. El kamea del Sol también es bueno para esperanzas, aumento y amistad.

Cuando haya terminado, encienda la vela y ponga el cuadrado mágico en su altar frente a ella. Siéntese y mire fijamente la vela dorada. Piense en la riqueza del color dorado, y en cómo ha sido relacionado siempre con el Sol. Piense en un mundo perfecto, y en cómo sería de diferente la vida si las personas dejaran de reñir y se llevaran bien entre sí.

Relaje su cuerpo conscientemente, poniendo especial atención a las áreas que parecen tensas. Cuando se sienta totalmente relajado, dé gracias a Dios, a la fuerza universal, o a la deidad que prefiera, por todas las bendiciones de su vida.

Coja el cuadrado mágico y póngalo sobre su palma derecha. Apoye el dorso de la mano derecha sobre la palma izquierda. Párese y lentamente levante ambas manos hasta la altura del pecho. Háblele al cuadrado mágico. "Te ofrezco a las fuerzas universales para ayudar a crear paz y comprensión en todo el mundo. Te ofrezco con mi bendición". Si está usando este kamea para propósitos financieros, y no hay razón para que no lo haga, agregue: "pido una bendición en todas mis actividades y confío en que me darás prosperidad y felicidad".

Haga una pausa por unos momentos, y luego queme la hoja en la llama de la vela. Podría sostener el papel con unas tenazas para evitar el riesgo de quemarse. Yo lo sostengo de una esquina, y lo dejo caer sobre la llama cuando se siente muy caliente para mantenerlo en la mano.

Cuando el cuadrado mágico haya desaparecido por completo, dé gracias al universo por permitir que sus deseos se extiendan en el mundo. Apague la vela y continúe con la rutina de su día.

Tengo velas especiales que uso para magia con el cuadrado mágico. Después de cada ritual, las guardo cuidadosamente para que puedan ser utilizadas una semana después.

Lunes

El lunes es un buen día para trabajar en el desarrollo de la intuición. También es apropiado para viajes y asuntos relacionados con amor y romance. Haga el cuadrado de la Luna en una hoja de papel fino. Piense en cuán útil es para usted su capacidad psíquica e intuitiva, y en cuánto le gustaría seguir desarrollando estos dones.

37	78	29	70	21	62	13	54	5
6	38	79	30	71	22	63	14	46
47	7	39	80	31	72	23	55	15
16	48	8	40	81	32	64	24	56
57	17	49	9	41	73	33	65	25
26	58	18	50	1	42	74	34	66
67	27	59	10	51	2	43	75	35
36	68	19	60	11	52	3	44	76
77	28	69	20	61	12	53	4	45

También necesitará una vela plateada. Ponga la vela en el centro del altar, y ubique frente a ella el cuadrado mágico. Enciéndala, y siéntese cómodamente. Mírela fijamente, y piense en los aspectos ocultos y misteriosos de la vida. Piense en las ocasiones en que su intuición lo ayudó. No importa qué tan importantes o insignificantes han sido estos momentos.

Relaje su cuerpo, y dé gracias a la deidad que prefiera por las bendiciones de su vida. Pida ayuda para desarrollar su intuición. Cuando se sienta listo, párese, tome el cuadrado mágico, levántelo hasta la altura del pecho por unos momentos, y háblele. "Te ofrezco a las fuerzas universales como una pequeña muestra de agradecimiento por tu ayuda al permitirme desarrollar mi conciencia psíquica. Por favor ayúdame a llevar esto al siguiente nivel. Gracias". Si lo desea, puede agregar palabras relacionadas con viajes o amor.

Queme el cuadrado mágico en la llama. Dé gracias a las fuerzas universales por permitirle transmitir su deseo al mundo. Apague la vela y continúe con su día.

Martes

El kamea o cuadrado mágico de Marte representa al martes. Este es un día apropiado para que trabaje en su entusiasmo, empuje, capacidad de liderazgo, valor, confianza en sí mismo, salud y vitalidad.

11	24	7	20	3
4	12	25	8	16
17	5	13	21	9
10	18	1	14	22
23	6	19	2	15

Mientras lo está elaborando, piense en su necesidad de más confianza, energía, salud y vigor.

Coloque una vela roja en el centro de su altar y ubique el cuadrado mágico frente a ella. Enciéndala y siéntese cómodamente, donde pueda mirar fijamente la llama. Piense en su vida en términos generales. Piense en los momentos en que sintió que su confianza en sí mismo lo defraudó, o no pudo hacer lo mejor que podía. Piense en otras ocasiones en que estaba lleno de energía, entusiasmo, confianza y salud vibrante. Decida qué quiere para el futuro. Mientras mira la llama, piense en todas las cualidades positivas del rojo, el color de la vela del martes.

Relaje su cuerpo, y piense en todas las cosas buenas de su vida. Medite en el hecho de que está vivo, tiene considerables talentos, capacidades y un gran potencial. Sea consciente de que puede, en realidad, lograr todo lo que se fije en la mente.

Párese, y levante el cuadrado mágico hasta la altura del pecho. Háblele a la deidad que quiera. "Gracias por todas las bendiciones de mi vida, por mi familia, amigos, carrera y talentos. También te pido que me des más (entusiasmo, confianza, autoestima, buena salud, etc.). Gracias".

Cuando se sienta listo, queme el cuadrado mágico. Agradezca a las fuerzas universales por permitirle enviar su petición al mundo. Apague la vela y continúe con su día, seguro de que ha dado un paso importante para convertirse en la persona que desea ser.

Miércoles

Necesitará una vela amarilla y el kamea de Mercurio para desarrollar este ritual.

8	58	59	5	4	62	63	1
49	15	14	52	53	11	10	56
41	23	22	44	45	19	18	48
32	34	35	29	28	38	39	25
40	26	27	37	36	30	31	33
17	47	46	20	21	43	42	24
9	55	54	12	13	51	50	16
64	2	3	61	60	6	7	57

Mientras está haciendo este kamea, piense en su cerebro, mente, intelecto y capacidades mentales. El kamea de Mercurio también es bueno para la elocuencia y asuntos comerciales. Ponga el kamea sobre el altar frente a la vela amarilla. Encienda ésta y siéntese cómodamente donde pueda verla fijamente. Piense en las cualidades del amarillo, y luego en su maravilloso cerebro, su capacidad para aprender y adquirir conocimiento, y su asombrosa memoria. Aunque, al igual que los demás, en ocasiones usted olvida las cosas, su mente recuerda todo —simplemente el recuerdo a veces es defectuoso—. Una vez que usted tiene la información, puede transmitir este conocimiento a otros, enriqueciendo sus vidas en el proceso.

Relaje su cuerpo y dé gracias al todopoderoso por su mente y gran intelecto. Cuando esté listo, póngase de pie y levante el cuadrado mágico hasta la altura del pecho. Háblele en voz alta a la deidad que prefiera. "Gracias por darme inteligencia, habla, razón y entendimiento. Estoy agradecido por mi memoria, mente lógica y capacidad de comprensión. Por favor, ayúdame a desarrollar más estos dones para aprovechar al máximo cada momento en esta encarnación. Gracias". Si se dedica a asuntos comerciales, puede agregar: "ayúdame a desarrollar más habilidad en los negocios para alcanzar el éxito en el campo en que me desempeño. Quiero ser justo y honesto con todos, y también deseo una retribución razonable por mi inversión y esfuerzo".

Haga una pausa por unos segundos y luego queme el cuadrado mágico. Agradezca a las fuerzas universales por hacer posible que usted comunique su petición al mundo. Cuando esté listo, apague la vela y siga con su día.

Jueves

El kamea de Júpiter es el cuadrado mágico para el jueves. Necesitará éste, y una vela verde, para desarrollar el ritual.

4	14	15	1
9	7	6	12
5	11	10	8
16	2	3	13

Júpiter se relaciona con expansión y éxito, especialmente con aumento económico. Sin embargo, esto incluye abundancia en todas las áreas de la vida, entre ellas las amistades y la salud. Piense en estas cosas mientras hace el kamea de Júpiter. Ponga la vela verde en el centro del altar, con el cuadrado mágico ubicado en la mesa frente a ella.

Prenda la vela, siéntese y mírela fijamente. Piense en las bendiciones de su vida y dé gracias por ellas. Piense en las cosas que le gustaría tener con mayor abundancia en su vida, y en los cambios que ocurrirían si, por ejemplo, tuviera más dinero. Si está enfermo, piense en una mejor salud. Piense en las personas que conoce y en cómo sería enriquecida su vida con más amigos.

Relájese todo lo que pueda, y deje que los sentimientos de abundancia invadan todo su cuerpo. Disfrute al máximo estos sentimientos.

Cuando se sienta listo, párese y levante el cuadrado mágico hasta el nivel del pecho. Dé gracias a la deidad que prefiera. "Gracias por todas las bendiciones de mi vida. Me siento afortunado, y estoy muy agradecido. Sin embargo, creo que me beneficiaría teniendo más seguridad económica. Esto me permitiría (comprar una casa, alimentar mi familia, dar dinero a los pobres, etc.). Por favor, permíteme alcanzar mis metas financieras para estar mejor y ayudar a mi familia y otras personas. Gracias". Naturalmente, esto debe ser cambiado para reflejar sus deseos. Si quiere más amigos, pídalos. Pida una salud perfecta, si eso es lo que necesita.

Haga una pausa hasta que se sienta listo, y luego queme el kamea de Júpiter. Agradezca a las fuerzas universales por escuchar su petición, apague la vela y continúe con su día.

Viernes

El kamea de Venus es el cuadrado mágico para el viernes. También necesitará una vela rosada.

22	47	16	41	10	35	4
5	23	48	17	42	11	29
30	6	24	49	18	36	12
13	31	7	25	43	19	37
38	14	32	1	26	44	20
21	39	8	33	2	27	45
46	15	40	9	34	3	28

Mientras realiza el kamea, tenga pensamientos agradables de amor, romance, armonía, amistad y belleza. Coloque el cuadrado mágico terminado sobre su altar, en frente de la vela rosada.

Encienda la vela y siéntese frente a ella, observando su danzante llama trémula. Piense en la importancia del amor y el romance en su vida, en las oportunidades perdidas y los encuentros románticos exitosos. Si hay una persona especial en su vida, tenga pensamientos amorosos acerca de ella.

Relaje su cuerpo todo lo posible, y trate de revivir los sentimientos que tuvo en el pasado cuando estuvo enamorado. Cuando sienta que es el momento, póngase de pie y levante el kamea a la altura del pecho. Háblele a la deidad que prefiera. "Gracias por darme los dones de amor y pasión, y por toda la belleza y alegría que hay en mi vida. Estoy agradecido por todas estas dádivas. Por favor concédeme (una nueva pareja, un alma gemela, más pasión, actividades agradables, más belleza, nuevos amigos, etc.). Gracias".

Espere uno o dos minutos, y vea si recibe una respuesta. Podría ser regocijo que lo invade completamente, una sensación de conocimiento, o un sentimiento de paz. Cuando esté listo, queme el cuadrado mágico. Agradezca a las fuerzas universales por escucharlo y conceder su petición. Apague la vela y retorne a su vida cotidiana.

Sábado

El kamea para el sábado es uno que ya conoce, pues es el mismo cuadrado mágico hallado en las marcas del caparazón de una tortuga hace casi cinco mil años.

4	9	2
3	5	7
8	1	6

También necesitará una vela azul oscura. Saturno se relaciona con paciencia, resolución, persistencia, comprensión y disciplina. Piense en estas cosas mientras hace el kamea.

Cuando lo termine, póngalo en su altar frente a la vela azul. Encienda ésta y siéntese cómodamente.

Mire fijamente la vela y piense en las ocasiones en las que fue paciente y comprensivo, y en otras ocasiones en que no lo fue. Piense en su necesidad de autodisciplina, trabajo arduo, resolución, paciencia y comprensión. Necesitará todo esto para alcanzar sus metas.

Relájese todo lo que pueda, y piense en ocasiones del pasado en que logró un objetivo difícil y desafiante. Trate de revivir los sentimientos que tuvo entonces.

Cuando sienta que es el momento, párese frente al altar y levante el cuadrado mágico hasta el nivel del pecho. Como en los otros días, háblele a la deidad que quiera. "Gracias por ayudarme a llegar a esta etapa de mi vida. Estoy agradecido por tu paciencia y comprensión, especialmente en momentos en que a mí me faltó esto. Por favor, ayúdame a desarrollar las cualidades que necesito para lograr mi propósito en esta vida. Estoy preparado para hacer lo que sea necesario a fin de alcanzar esta meta. Gracias por tu amor, comprensión, compasión y ayuda".

Haga una pausa por unos segundos y luego queme el cuadrado mágico en la llama. Agradezca a las fuerzas universales una vez más por ayudarlo a lograr todo lo que desea, apague la vela y siga con su día, seguro de que sus deseos se harán realidad.

Sentirá mucho placer desarrollando estos rituales regularmente. Todos los rituales son sencillos y pueden ser hechos en diez minutos. Sin embargo, no los haga de prisa. A veces podría necesitar diez minutos, y en otras ocasiones el mismo ritual le tomará mucho más tiempo. No espere milagros la primera vez que realice los rituales. Repetirlos una y otra vez origina un gran poder que puede impulsarlo a un enorme éxito. No obstante, se requiere tiempo, repetición y paciencia. Nada que valga la pena sucede sin entusiasmo, propósito y esfuerzo.

Como lo muestra la combinación de velas y cuadrados mágicos, podemos usar la magia con velas para casi cualquier propósito. Sin embargo, aún no hemos tratado uno de los aspectos más importantes de este tipo de magia: la curación. Es difícil imaginar algo más valioso que esto. Por consiguiente, la curación con velas es el tema del siguiente capítulo.

Doce

Curación con velas

La magia debe ser usada para ayudar a otros. Es difícil encontrar algo más importante que ayudar a alguien que está enfermo. Encender velas debería considerarse como una práctica complementaria del cuidado tradicional de la salud, en lugar de una alternativa. Cabe anotar que alguien enfermo debe consultar a un profesional de la salud, pero las velas pueden ser de ayuda al transmitirle vibraciones curativas.

También podemos usar la curación con velas para ayudarnos a nosotros mismos cuando estamos enfermos física o emocionalmente.

Meditación curativa

La curación con colores ha ayudado a muchas personas a restablecer la mente, el cuerpo y el alma. Cada color emana su propia energía única que nos afecta de diferentes formas. Podemos aprovechar esto al hacer una meditación con velas.

Necesitará varias velas de diferentes colores. Sin embargo, sólo una es usada durante la meditación. Escoja una vela que parezca ser adecuada para usted en el momento de la meditación. Si es necesario, use un péndulo como ayuda. Por lo general encuentro que una vela parece escogerme, y me siento atraído por ella y no otra. Póngala en el centro del altar y enciéndala.

Siéntese cómodo frente a su altar, y mire fijamente la vela, notando su color, la brillantez y el matiz de la llama, y la forma en que danza y vacila. Tome varias respiraciones lentas y profundas para relajarse. Cada vez que inhala está absorbiendo color de la vela y todas las cualidades del mismo. Mientras lo hace, imagine toda esta energía curativa llegando a cada parte de su cuerpo y aura. Visualice toda la negatividad siendo eliminada de su cuerpo cada vez que exhala.

Relájese y disfrute esta energía curativa mientras restaura y revitaliza cada parte de su cuerpo. Piense en todas las bendiciones de su vida mientras medita y observa la vela. Dé gracias por todas las cosas buenas que hacen que la vida valga la pena. Exprese su gratitud por la familia, los amigos y otros seres queridos. Agradezca sus pasatiempos, intereses y talentos. Dé gracias por todo el amor que hay en el mundo.

Cuando sienta que es el momento, póngase de pie, estírese, agradezca a la vela mientras apaga la llama, y continúe con su día. No puede hacer esta meditación muy a menudo.

Otro método para realizar esta meditación es escoger una vela al azar. Ponga varias velas de color diferentes en una caja, cierre los ojos mientras las mezcla, y luego elija una. El color que saque será el que su cuerpo necesita en ese momento. Las siguientes son algunas palabras clave en que puede pensar mientras inhala la esencia de la vela.

Rojo: vitalidad, creatividad, entusiasmo, energía.

Naranja: resistencia, cooperación, diplomacia, autoestima.

Amarillo: felicidad, alegría, confianza en sí mismo, expresión de la personalidad propia.

Verde: salud, amor propio, valor personal, resolución.

Azul: serenidad, integridad, equilibrio, inspiración.

Índigo: amor, apoyo, relajación, familia.

Violeta: espiritualidad, intuición, discernimientos, secretos.

Rosado: amor, romance, armonía, placer, indulgencia.

Bronce: (colores otoñales): seguridad, humanitarismo.

Plateado: intuición, sueños, inspiración.

Dorado: logro, éxito, riqueza, realización.

Blanco: pureza, protección, ángeles guardianes, Dios.

Negro: cambio, nuevos comienzos, liberación, libertad.

Curación emocional

La vida está llena de pequeños problemas y molestias. En lugar de explayarse en estos problemas, es mucho más sano usar la magia con velas para eliminarlos de nuestra vida.

Para hacer esto, debe escribirle una carta a la persona que le causó el problema o lo ofendió. Esta persona no leerá la carta, así que puede escribir lo que quiera. Sin embargo, sea justo. No hay necesidad de exagerar o usar un mal lenguaje.

Veamos un ejemplo. Supongamos que yo fui tratado mal hoy en el banco. Ya estaba teniendo un mal día, y llegué a mi límite cuando uno de los cajeros cerró su ventanilla justo cuando seguía mi turno. Quizás perdí sólo un par de minutos esperando, pero quedé molesto y pensé en lo ocurrido durante un rato. Yo hubiera olvidado esto en unos minutos, pero debido a que todo había estado saliendo mal, no quité de mi mente este desaire imaginado. Para liberarme de él, puedo escribirle una carta al cajero:

Estimado cajero de banco,

Me sentí mal cuando cerró su ventanilla justo cuando yo llegué a ella esta tarde. Sólo tenía que hacer un pequeño depósito, y sólo le hubiera tomado unos segundos recibirlo. No había nadie más esperando, y nada habría perdido al atenderme. Como resultado de este mal servicio de su parte, pasé la tarde teniendo pensamientos desagradables acerca de usted y el banco. Creo que debería mostrar más consideración por sus clientes. Después de todo, somos las personas

que pagamos su salario. Sé que necesita tiempo
libre para el almuerzo y el descanso de la tarde,
pero mi tiempo también vale. Aún estoy muy
enojado.

Atentamente.

El proceso de escribir la carta le permitirá expresar su
resentimiento sobre el papel, lo cual servirá para abando-
nar el mal sentimiento. Ahora puede liberarlo al universo,
sin causar daño a nadie.

Haga esto prendiendo una vela blanca. Siéntese frente a
ella y lea la carta que acaba de escribir. Una vez que lo haga,
dóblela y métala en un sobre. Séllelo, y luego quémelo en la
llama. Mientras arde, diga: "libero mi enojo y resentimiento
al universo. Me perdono a mí mismo y a todos los involucrados en este incidente. Ahora este asunto está terminado y
olvidado".

Encontrará que éste es un ejercicio regocijante. En lugar
de reprimir el agravio y explayarse en él durante horas, días
e incluso años, lo ha liberado y dejado atrás. Este es un ex-
ceso de equipaje que ya no necesita llevar, y las recompensas son más energía, contentamiento y paz mental.

Puede curar toda clase de problemas emocionales de la
misma forma. Escriba una carta, explicando cómo se siente, y luego envíela al universo mientras pide perdón para
todas las personas involucradas. He descubierto que esto
es muy útil para muchos problemas menores, pero nunca
he tenido que hacerlo para trastornos emocionales más se-
rios. Sin embargo, una de mis estudiantes lo hizo. Ella fue

maltratada por su padre cuando era niña, y guardó esto como un secreto toda su vida. Después de desarrollar este ritual varias veces, finalmente hizo un avance. Todos lloramos cuando le contó a la clase cómo este ejercicio finalmente le había dado la paz mental que tanto anhelaba.

Meditación para restaurar el alma

Para esta meditación poderosa y energizante todo lo que necesita es una vela blanca. Ponga la vela sobre su altar y enciéndala. Siéntese cómodo en frente del altar y mire fijamente la vela uno o dos minutos.

Cuando sienta que es el momento, tome tres respiraciones profundas, inhalando la pureza y bondad de la energía blanca en lo profundo de sus pulmones. Sostenga cada respiración por unos momentos y luego exhale con lentitud.

Ahora va a aspirar y absorber todos los colores del arco iris, uno a la vez. Empiece cerrando los ojos y tomando una respiración profunda. Imagine que está inhalando energía roja perfecta no diluida. Visualice esta energía esparciéndose en cada parte de su cuerpo. Aspire energía roja de nuevo, pero esta vez imagine que está absorbiendo amor universal al mismo tiempo. Permita que este amor se mezcle con el rojo y nuevamente fluya por todo su cuerpo. Mientras exhala, deje que todos sus miedos, dudas y preocupaciones salgan de él.

Abra los ojos y fije su mirada en la vela blanca por al menos sesenta segundos. Cuando se sienta listo, cierre los ojos otra vez y aspire energía naranja pura. Permita que fluya fácilmente por todo su cuerpo. Exhale despacio. Tome otra respiración profunda, aspirando energía anaranjada nuevamente, pero esta vez inhalando con ella alegría y felicidad. Déjela que invada todo su cuerpo. Mientras exhala, libere todos sus agravios, decepciones y molestias. Abra los ojos y mire fijamente la vela al menos sesenta segundos, antes de repetir el proceso con energía amarilla.

Cada color representa cualidades positivas que inhalamos en nuestro cuerpo, y (con una excepción) aspectos negativos que exhalamos:

Rojo: inhale amor.
Exhale miedo, duda y preocupación.

Naranja: inhale entusiasmo, alegría y felicidad.
Exhale agravios, decepciones y molestias.

Amarillo: inhale integridad.
Exhale enfermedad y negatividad.

Verde: inhale armonía, contentamiento y equilibrio emocional.
Exhale discordia y conflicto.

Azul: inhale paz.
Exhale ira y conflicto.

Índigo: inhale amor universal.
Exhale lujuria, pereza e indiferencia.

Violeta: inhale espiritualidad, intuición y entendimiento.
Exhale amor por la humanidad.

Mientras exhala energía violeta, imagine este amor divino esparciéndose hasta cubrir todo el mundo.

Deje al menos un minuto entre cada color y termine inhalando luz blanca pura. Visualice la luz esparciéndose por todo su cuerpo y luego expandiéndose a través de su aura hasta cubrir todo el mundo con amor, paz y protección.

No debe esperar hasta que necesite restaurar su mente, cuerpo y alma antes de hacer esta meditación. Puede ser realizada en cualquier momento y con la frecuencia que quiera. Tendrá un efecto positivo en cada parte de su vida.

Curación de enfermedades menores

Todos tenemos problemas de salud menores de vez en cuando. Podría ser una tos persistente, una gripe, un tobillo torcido, u otro problema que al final sanará por sí solo. Usted puede acelerar este proceso desarrollando magia con velas sobre sí mismo.

Necesitará tres velas blancas, y una un poco más larga que lo represente. Inscriba en ésta información sobre usted mismo, e incluya las palabras "salud perfecta".

Ponga las tres velas blancas de tal manera que formen un pequeño triángulo en el centro del altar, que apunte hacia la parte trasera del mismo. Ubique la vela que lo representa en el centro de este triángulo, y enciéndala primero, seguida por las otras.

Siéntese cómodo y observe las velas. Visualícese rodeado de energía curativa y protectora, así como la vela que lo simboliza está rodeada por las velas blancas protectoras. Siéntase rodeado de luz blanca, como si estuviera circundado por velas blancas enormes, y deje que la energía curativa fluya en cada parte de su cuerpo. Diga en voz alta: "a todo momento estoy rodeado de energía curativa. Sé que estoy íntegro, curado y perfecto. Me encuentro restablecido plenamente con salud vibrante. Gracias (la deidad que prefiera) por restablecer mi salud y vitalidad".

Permanezca sentado frente a las velas el tiempo que desee. Continúe visualizándose en un estado de perfecta salud. Cuando sea el momento, dé gracias una vez más, y apague las velas blancas, seguidas por la que lo representa.

Ritual con velas para áreas específicas

Diferentes partes del cuerpo son representadas por colores relacionados con los chakras. Usted puede aprovechar esto para ayudar a curar enfermedades específicas. Todo lo que necesita hacer es escoger una vela del color apropiado, ponerla en su altar, encenderla, y mirarla fijamente varios minutos mientras transmite pensamientos curativos a los órganos afectados. Tome varias respiraciones profundas para absorber conscientemente el color de la vela. Mientras exhala, imagine la enfermedad saliendo de su cuerpo.

Deje la vela encendida todo el tiempo posible. Repita esto todos los días hasta que su salud se haya restablecido.

Rojo: piernas, huesos, dientes, gónadas.

Naranja: pelvis, sistema inmunológico, riñones, bazo, órganos sexuales.

Amarillo: plexo solar, estómago, hígado, vesícula biliar, páncreas.

Verde: corazón, pulmones, circulación, timo.

Azul: garganta, ojos, oídos, tiroides.

Índigo: ojos, cerebro, glándula pituitaria, cabeza.

Violeta: cerebro, ojos, glándula pineal.

Curación de enfermedades graves

Al tratar cualquier enfermedad grave debe seguir las indicaciones médicas. Las velas son usadas como un complemento. Sería irresponsable, y también peligroso, confiar por completo en que las velas curarán una enfermedad seria.

Necesitará dos velas que lo representen. Una, la que lo simboliza con salud perfecta, debe ser más larga que la que lo representa ahora. Para identificarlas más, la vela más grande debe también tener inscritas las palabras "salud perfecta". También necesitará velas para representar seres queridos en su vida, y cuatro velas blancas.

Las velas blancas son puestas cerca de las cuatro esquinas del altar. La vela que lo simboliza como está ahora, es ubicada en el centro. Detrás de ésta, en semicírculo, son colocadas las velas que representan las personas importantes en su vida. La vela que lo simboliza con salud perfecta es dejada a un lado del altar hasta que sea requerida.

Encienda la vela que lo representa, seguida por las velas que simbolizan las personas importantes en su vida. Finalmente, prenda las cuatro velas protectoras.

Siéntese con comodidad frente a su altar y mire fijamente las velas uno o dos minutos. Cuando sienta que es el momento, háblele a la vela que lo representa como está ahora,

violeta, y luego tome una respiración profunda, permitiendo que la energía violeta llegue a cada parte de su cuerpo. Exhale lentamente.

Permanezca unos minutos en frente de las velas, pensando en lo que hará cuando su salud sea perfecta y recupere toda la energía que perdió estando enfermo. Es importante que tenga pensamientos positivos mientras recupera su fuerza y vitalidad.

Cuando esté listo, dé gracias y apague las velas.

Ritual para proteger la salud

Este ritual usa velas blancas puestas alrededor de usted para crear un círculo de protección. Las velas deben arder mientras está sentado o acostado en el centro del círculo. La cantidad de velas empleadas depende de usted. Podría usar una docena o más, si lo desea. Sin embargo, en mi caso suelo usar de tres a siete velas.

Tres velas crean un triángulo, que es uno de los símbolos geométricos más poderosos. Tradicionalmente ha sido considerado una señal de Dios en el cristianismo y el judaísmo.

Cuatro velas forman un cuadrado, que es un antiguo símbolo para representar la tierra. Indica las cuatro direcciones y es estabilizador y equilibrante.

Cinco velas forman un pentagrama, o pentaclo, que es un símbolo de armonía. Éste tuvo su origen en Mesopotamia hace cuatro mil años. Los pitagóricos lo usaban como símbolo de salud y armonía.

Seis velas crean un hexagrama, o la estrella de David, que es formada por dos triángulos entrelazados. También se conoce como sello de Salomón, y ha sido asociado con el exorcismo.

Siete velas hacen uso de los aspectos sagrados y místicos del número siete. Éste siempre ha sido considerado importante debido a los siete cuerpos celestes que eran visibles para los antiguos (Sol, Luna, Marte, Mercurio, Júpiter, Venus y Saturno). En la Biblia, Dios creó el mundo en siete días. También era un símbolo de inmortalidad en el antiguo Egipto, y sagrado para el dios Osiris. Además era considerado sagrado para Mitra, Apolo y Buda. En la tradición hindú, el Sol tenía siete rayos, y la montaña del mundo siete caras. En el Islam, es considerado el número de la perfección.

Escoja el número de velas que crea apropiado. Colóquelas en círculo alrededor de donde estará sentado, y préndalas pensando en su intención. El propósito es que las velas lo ayuden a restablecerse plenamente en mente, cuerpo y espíritu.

Una vez que las velas hayan sido encendidas, relájese en el centro y tome tres respiraciones profundas, imaginándose rodeado por una luz blanca curativa y protectora. Inhale esta energía blanca con cada respiración, y visualice todo trastorno y enfermedad saliendo de su cuerpo en cada exhalación.

Permanezca en el círculo de diez a quince minutos, concentrándose en su deseo de salud vibrante. Hágalo al menos una vez al día hasta que su salud regrese a la normalidad.

También es buena idea realizar este ritual algunos días después, como ayuda para recuperar la fuerza y energía.

Curar a otras personas

Este ritual debe ser desarrollado una vez al día durante una semana. El mejor día para iniciar es el domingo. Encienda una vela anaranjada o dorada y póngala en su altar. Siéntese frente a éste, mire fijamente la vela, y visualice a la persona que piensa ayudar a disfrutar de una salud perfecta.

Tome tres respiraciones profundas, y luego recite el Salmo 23. También puede crear un poema corto acerca de la persona enferma y recitarlo. La calidad del poema no es relevante. Su intención al escribirlo y recitarlo es más importante que las palabras que utilice.

Deje la vela prendida todo el tiempo posible antes de apagarla.

Círculo de protección

Este ritual puede ser hecho solo, pero usualmente se desarrolla para finalizar una sesión de curación. Necesitará una vela blanca.

Pídale a la persona que se acueste boca abajo, con los brazos y piernas ligeramente extendidos. Encienda la vela, y levántela varias pulgadas arriba de la cabeza de la persona. Muévala alrededor de su cuerpo, comenzando en el lado izquierdo de la cabeza, bajando por el cuello hasta los hombros, por el borde externo del brazo y la mano, luego subiendo de nuevo hasta la axila, y bajando por el costado del cuerpo hasta el pie izquierdo. Suba la vela entre las piernas hasta la ingle, y luego baje hasta el pie derecho. Continúe bordeando el cuerpo de esta forma hasta que haya regresado a la cabeza de la persona.

Finalice caminando alrededor de la persona, con la vela levantada, para cubrirla con un círculo de protección.

Deje que la persona repose uno o dos minutos antes de levantarse.

Meditación de curación ausente

Idealmente, este ritual emplea cuatro velas y una fotografía de la persona que va a ser curada. Si no tiene la foto, escriba el nombre y los apellidos de la persona en una hoja de papel, y adicione detalles personales que sepa de ella. La fotografía, o la hoja, se conocen como "testigo".

Una vela debe ser blanca, pero las otras tres pueden tener el color que usted quiera. Podría escogerlas usando la numerología o detalles de nacimiento de la persona. También puede elegirlas por sus cualidades curativas (verde, por ejemplo). No importa cuáles colores escoja, siempre que pueda relacionarlas con la persona que requiere energías curativas.

Ubique las cuatro velas creando una forma de diamante sobre el altar. La blanca debe estar en la parte posterior. Ponga el testigo en el centro, y prenda las velas, iniciando con la blanca.

Siéntese en frente del altar, y piense en la persona a quien transmite energías curativas. Concéntrese en lo positivo. Piense en los momentos felices que ha pasado con esta persona, y el tipo de actos que él o ella ha hecho.

Coja el testigo y obsérvelo varios segundos, luego apague la vela frontal. Imagine que está soplando energías curativas a su amigo (a). Luego sople la vela del lado izquierdo, seguida por la que está a la derecha. Finalmente, apague la vela blanca. Con cada una, visualícese soplando energías curativas al universo para curar a la persona.

Dé gracias solemnemente y luego continúe con la rutina de su día, seguro de que ha hecho algo bueno por su amigo (a). Repita el ritual las veces que pueda hasta que la persona se haya recuperado.

Curación de mascotas y otros animales

El péndulo es una herramienta útil para tratar animales que no pueden decirnos lo que les pasa. Por ejemplo, podemos preguntarle si debemos llevar una mascota al veterinario. Si el animal rechaza una comida que antes le gustaba, usted puede preguntarle al péndulo por qué no la está ingiriendo. Puede preguntarle acerca de cualquier alimento para ver si le gustará a la mascota y se nutrirá con él. También puede preguntarle si la magia con velas ayudará al animal, y suponiendo que recibe una respuesta positiva, preguntaría cuáles velas deben ser usadas.

No es necesario que su mascota esté en la habitación cuando desarrolle un ritual curativo. Use una fotografía del animal como testigo, y póngala en el centro del altar. Escoja una vela que lo represente a usted y otra para simbolizar su mascota. Inscriba cosas en las dos. En la vela del animal incluya las palabras "salud vibrante". También necesitará una vela blanca.

Ponga la vela blanca en el centro del altar, detrás del testigo. La vela que simboliza al animal debe estar a su izquierda, con su vela a la derecha y el testigo en el medio.

Encienda las tres velas. Piense en su mascota por unos minutos, recordando los momentos felices y el amor que comparten. Agradezca la alegría que han podido darse mutuamente.

Mire fijo a la vela blanca y pida que energía curativa, blanca y pura, lo rodee junto a su mascota. Tome tres respiraciones profundas, inhalando la energía blanca pura.

Observe la vela que lo representa y prometa hacer lo que pueda para restablecer la buena salud de su mascota. Mire fijo ahora la vela del animal, y visualícela llenándose de energía curativa. Una vez que dicha vela se esté desbordando de energía curativa, diríjase a la vela blanca y agradezca con sinceridad toda la energía de curación.

Deje prendida las tres velas todo el tiempo posible. Cuando esté listo, apague su vela, seguida por la del animal, y finalmente la vela blanca. Repita este ritual una vez al día hasta que su mascota haya recuperado la salud plenamente.

Este ritual no está limitado a las mascotas. También puede brindar curación a animales o plantas. Si no tiene una fotografía que sirva de testigo, escriba todo lo que pueda acerca del animal en una hoja de papel, y úsela. Por ejemplo, si quiere ofrecer curación para un erizo, podría escribir: "erizo enfermo, vive en el seto junto a mi casa". Esto identifica el animal particular para el que realiza el ritual curativo.

Nada podría ser más importante que la curación. Una vez que domine algunas de las técnicas de este capítulo, podrá ayudar a todos los seres vivos con su capacidad. Haga buen uso de ella. En el siguiente capítulo aprenderemos a adivinar el futuro con las velas mágicas.

Trece

Adivinación con velas

Las velas poseen poderes hipnóticos y brindan una incansable fuente de fascinación. No es sorprendente que la gente las haya usado para adivinación durante miles de años. Las formas, los colores, el movimiento danzante de las llamas, los sonidos suaves que producen y los diversos patrones que crea la cera, pueden ser interpretados. Esta acción se interpreta como el arte de adivinar mirando fijamente la llama de la vela.

Los antiguos griegos inventaron un sistema basado en lo anterior usando cuatro velas.[1] Tres formaban un triángulo, y la cuarta era colocada en el centro. Se encendían las cuatro, pero sólo la del centro era interpretada. Si la llama ardía intensamente, se consideraba una señal de éxito. Una llama débil indicaba decepción, una llama trémula mostraba una suerte oscilante, y la que se apagaba significaba muerte.

Esto es similar al poco conocido arte de la *licnomancia*, el cual ha descartado la vela del centro, pero conservado el triángulo. En esta versión, las tres llamas son analizadas juntas. Llamas oscilantes indican cambio, un efecto de espiral es una advertencia, y llamas que suben y bajan sugieren peligro. Si una vela se apaga, significa pérdida, pero si una llama brilla más que las otras es señal de buena suerte.

Me encanta oír el sonido que hacen las velas. A menudo, es casi indiscernible, y debo esforzarme para percibir la interminable charla. Para mí, esto significa que todo va de acuerdo al plan, sea o no consciente de ello. Entre más alto charlen las velas, hay más problemas que deben ser superados.

La brillantez de la vela también puede ser interpretada. Es un buen presagio que la vela sea fácil de prender y luego arda con una llama intensa. Cuando es difícil encender las velas, y luego arden con una llama débil, es señal de que el momento no es apropiado para hacer magia. Si es posible, desarrolle el ritual en otra ocasión. Las llamas débiles generalmente producen resultados débiles. Si va a proceder con su trabajo mágico, tenga en cuenta esto, y permanezca concentrado claramente en su propósito todo lo posible.

Si en el altar tiene dos o más velas que representan personas, vea si tienen llamas igual de intensas. Si una es más intensa que las otras, indica que la persona es potencialmente más poderosa o importante que el resto. Ponga atención especial a esta persona, y piense en sus motivaciones a fin de ver si es probable que sean usadas para bien o mal.

Una llama también puede ser débil porque la persona que representa está enferma o sin energía. Es posible que esta persona no sea receptiva a su magia.

Los colores que producen las llamas también son importantes y pueden ser interpretados. Por ejemplo, una llama verdosa indica energía curativa.

Las velas que arden limpiamente, y dejan poca cera, son una excelente señal. Significa que el ritual ha salido bien. Un pequeño charco de cera dejado como residuo debe ser examinado. La forma de éste a menudo da una pista del resultado. Hace muchos años, la cera de una vela de dinero que prendí, creó una aproximación del signo de dólar. Consideré esto como un muy buen presagio.

Algunas velas generan mucho humo. Asumiendo que la vela es de buena calidad, grandes cantidades de humo indican que en un principio se requerirá mucho trabajo, pero el resultado final valdrá la pena.

A veces las velas se apagan sin razón aparente. Una brisa repentina puede hacer esto si usted trabaja al aire libre. En tal caso, debe reencender la vela y continuar con el ritual. Si no hay razón aparente para que la vela se apague, aborte el ritual y hágalo después. Esta es una señal de oposición, y perdería el tiempo reencendiendo la vela para seguir con la sesión. Si es posible, escoja la ocasión perfecta para el ritual y hágalo de nuevo.

Adivinación mirando fijamente el fuego

Ciertas personas que practican la adivinación miran fijamente una bola de cristal o un espejo negro para adivinar el futuro. Esta forma de adivinación parece que tuvo su origen en la antigua Persia, aunque se esparció rápidamente alrededor del mundo conocido. Fue mencionado por San Agustín, Plinio, Santo Tomás de Aquino y Paracelso. Este último escribió un libro completo sobre el tema, *How to Conjure the Crystal So That All Things May Be Seen In It* (Cómo conjurar el cristal para que todas las cosas puedan ser vistas en él). Nostradamus tuvo sus visiones proféticas observando un tazón lleno de agua. El ayudante de John Dee, Edward Kelly, usaba bolas de cristal y espejos. Los poderes hipnóticos de la llama de una vela se prestan muy bien para este tipo de adivinación.

Necesitará una habitación acogedora y tranquila para trabajar. Asegúrese de que no será interrumpido por al menos media hora. Deje que su intuición escoja la vela apropiada para la sesión. Póngala en el centro del altar, enciéndala y luego siéntese. Tome algunas respiraciones profundas para desechar simbólicamente las tensiones y preocupaciones de la vida cotidiana. Relaje su cuerpo y mente todo lo posible, y luego mire fijamente la llama. Poco a poco entrará en un estado hipnótico, como soñar despierto, y fluirán a su mente imágenes, símbolos, figuras y palabras.

Trate de no evaluar conscientemente lo que surja en el momento. Cuando empiece a hacer esto, encontrará difícil permanecer en este estado de ensueño por más de unos minutos. Sin embargo, entre más practique, más fácil será, y podrá entrar a dicho estado cuando quiera, permaneciendo en él durante el tiempo que desee.

Si ha practicado esto con la llama de una vela, también podría hacerlo con un fuego. Después de todo, ¿quién no ha tenido la experiencia de sentarse junto a una hoguera, observando las llamas, y entrado gradualmente en estado de trance? Para que esta forma de adivinación funcione el fuego debe arder intensamente. Mi abuela era buena para la piromancia, el nombre técnico para este arte. Se sentaba frente a la chimenea en pleno invierno, con una taza de chocolate caliente en su mano. En un momento estaba hablando con nosotros, pero un segundo después se sumergía en su propio mundo, totalmente perdida en las imágenes que podía ver en las llamas. De vez en cuando tiraba sal sobre el fuego para revivir las llamas, pero por lo general esperaba hasta que las llamas danzaran y vacilaran alegremente. Mi abuelita usaba el fuego para ver su propio futuro, y afirmaba que era imposible leer el futuro de alguien más de esta forma. Si queríamos hacerlo, teníamos que observar las llamas nosotros mismos. Una noche, un trozo de carbón salió del fuego que mi abuela estaba mirando fijamente, y fue a dar cerca de ella. Quedó extática, pues eso significaba buena suerte por al menos doce meses.

Si desea experimentar con la piromancia, escoja una hora en que no sea interrumpido. Siéntese con comodidad frente al fuego y piense en una pregunta. Sea lo más específico posible. No haga preguntas que requieran una respuesta de sí o no. En lugar de preguntar si pasará la Navidad con la familia este año, pregunte "¿cómo será la Navidad este año?"

Continúe pensando en su pregunta mientras observa fijamente las llamas. Esté receptivo a lo que surja. Podría ver figuras borrosas en las llamas, u oír una respuesta en el crepitante sonido de las mismas. Tal vez llegue a su mente un pensamiento repentino.

Como en la magia con velas, siempre dé las gracias a la deidad que prefiera. Podría escribir sus impresiones tan pronto como termine, pues, al igual que los sueños, desaparecen con rapidez. Algo que no tiene mucho sentido en el momento es probable que sea obvio al considerarlo después.

Ceromancia

La ceromancia es el arte de interpretar cera derretida. Es similar a la lectura de hoja de té, porque las formas que crea la cera pueden ser interpretadas.

Tradicionalmente, la cera es derretida en un tazón de latón y luego vertida en otro tazón lleno de agua. Las formas que se crean son fascinantes y variadas. Con poca imaginación, puede ser entretejida una historia sobre las figuras formadas.

Si desea hacer esto, caliente la cera en baño maría, pues es muy peligroso fundir la cera sobre una llama abierta. Vierta una pequeña cantidad de la cera derretida en un recipiente grande con agua. La cera se solidificará de inmediato, y la figura creada puede ser analizada. Sáquela del agua y obsérvela desde diferentes ángulos. Use su imaginación y vea qué le recuerda. Repita esto las veces que sea necesario hasta crear una lectura para sí mismo.

Una versión más simple incluye una vela y un tazón de agua. Piense en una pregunta mientras enciende la vela. Después que ésta haya ardido algunos minutos, inclínela un poco y deje que cera derretida caiga al tazón de agua. Las primeras gotas crearán un borde en el recipiente, y no son interpretadas directamente, pero dan pistas de la naturaleza del resultado. Un borde claro y continuo asegura una respuesta positiva para la pregunta, mientras que uno ondulado indica cambio de planes. Un borde discontinuo sugiere un resultado negativo. Cuando caen más gotas de cera en el agua se forman diversas figuras que son interpretadas. Algunas serán evidentes, mientras otras requieren imaginación para determinar lo que podrían representar. Algunas personas son naturalmente buenas para leer símbolos, tales como los creados por las gotas de cera, mientras otras deben practicar para desarrollar la habilidad.

Podemos usar la adivinación con velas para correr el velo del futuro, y luego emplear una variedad de rituales con velas como ayuda para llegar a donde queremos ir. En el siguiente capítulo veremos rituales para seis propósitos diferentes.

Catorce

Rituales con velas

Como ya lo ha visto, podemos crear rituales con velas para casi cualquier propósito. Los incluidos en esta sección son rituales que he encontrado útiles. Sin embargo, siéntase libre de experimentar e inventar los suyos. Su intención es mucho más importante que el ritual mismo. Por consiguiente, no debe preocuparse de que un ritual creado por usted no sea perfecto. Siempre que el propósito esté claro en su mente, cualquier ritual que invente funcionará bien. Debe tratar de desarrollarlos en los momentos más propicios. Sin embargo, si su necesidad es urgente, cualquier ocasión servirá.

En este capítulo veremos rituales para seis propósitos diferentes:

- Conseguir protección.

- Alcanzar metas.

- Aliviar problemas creados en vidas pasadas.

- Liberar karma.

- Atraer guías espirituales y ángeles guardianes.

- Lograr felicidad, éxito, prosperidad y amor.

Rituales de protección

Todos necesitamos protección de vez en cuando. Puede haber diversas razones para esto, tales como un compañero abusivo, un jefe difícil, un amigo o pariente fastidioso, e incluso un ataque psíquico. El primer ritual es de protección general, y el segundo es para protegernos de alguien que conocemos.

Ritual de protección general

Escoja una vela que lo represente. Idealmente, esta vela debe ser inscrita. Póngala en el centro de su altar y rodéela con ocho velas blancas notoriamente más pequeñas que ella. Si no tiene las ocho, cuatro servirán.

Encienda la vela que lo simboliza, y luego las otras en el sentido de las manecillas del reloj, empezando con la vela ubicada en la posición norte.

Siéntese a unos pies de las velas y mire fijamente la que está en el centro. Observe cómo es protegida por las otras. Continúe mirando las velas mientras se imagina rodeado de luz blanca. Permita que esta luz lo rodee de la misma forma que las velas blancas circundan la que lo simboliza a usted.

Cuando sienta que la luz blanca lo rodea completamente, pida protección divina. Si tiene una formación cristiana, podría decir primero el padrenuestro. Cuando esté listo, diga las siguientes palabras (o algo similar): "siento la necesidad de protección divina en este momento, y pido a (la deidad que escoja) que me fortalezca, guíe y proteja por el tiempo que sea necesario". Si tiene un problema específico del que requiere protección, mencióneselo a la deidad. Haga pausas para ver qué respuesta llega a su mente.

Cuando sienta que es el momento, apague las velas blancas, una por una, iniciando de nuevo en la posición norte y siguiendo en el sentido de las manecillas del reloj. Mientras apaga cada vela, diga "gracias" en voz muy baja. Finalmente, tome la vela que lo representa, y levántela mientras da un agradecimiento sincero a la deidad por brindarle la protección necesaria. Apague la vela y guárdela en un lugar seguro. Debido a que lo simboliza, nadie más debe tocarla.

Ritual de protección específica

Este ritual debe ser desarrollado sólo cuando pedimos protegernos de una persona específica.

Necesitará varias velas para este ritual: siete de diferente color para representar el arco iris y los chakras, una grande blanca que lo simbolice a usted, y una pequeña de cualquier color que crea que sirve para representar a la persona de la que necesita protegerse. Podría inscribir su nombre o fecha de nacimiento en su vela para identificarla más.

Las velas del arco iris son puestas en línea en la parte posterior del altar, con la vela roja a su izquierda mirando hacia ellas, y la violeta a su derecha. Ponga la vela que lo simboliza en el centro del altar. Frente a ella ponga la otra vela acostada.

Encienda las siete velas del arco iris, comenzando con la roja. Haga una pausa después de prenderla, y pida protección para su chakra raíz. Visualice una bola roja brillante en esta parte de su cuerpo. Repita esto con las otras seis velas del arco iris. Luego encienda la vela que lo simboliza.

Siéntese por unos minutos, mirando fijamente las velas. Visualícese rodeado por una luz blanca protectora. Cuando sienta que es el momento, tome la vela que ha estado acostada. Esta es la vela que representa a la persona de la que necesita protegerse. Note cuán pequeña y débil se ve esta vela comparada con las otras.

Enciéndala en la llama de la vela roja. Obsérvela varios segundos, luego diga: "el rojo en ti ha perdido todo su poder". Apáguela soplándola, de la forma más desdeñosa que pueda. Préndala de nuevo, usando la llama de la vela anaranjada. Como antes, obsérvela varios segundos, diciendo luego: "el naranja en ti ha perdido todo su poder". Sóplela y apáguela, tratando de ser aun más desdeñoso esta vez. Repita el procedimiento con todos los colores del arco iris.

Una vez que haya hecho esto, levante la vela frente a su cara y háblele. Puede decir lo que quiera. Finalice diciendo:

"has perdido todo tu poder sobre mí. Estoy fuerte y protegido divinamente. Tu negatividad nunca me volverá a afectar".

Si lo desea, parta la vela por la mitad y deshágase de cada trozo en un lugar diferente. Sin embargo, si la persona lo ha afectado mucho, podría guardar la vela y repetir el ritual todos los días hasta que se haya consumido completamente. Otra alternativa es prender los restos de esta vela bajo la luna llena. Encender la vela apropiada bajo la luna llena es una buena forma de terminar con un problema o dificultad.

Rituales para alcanzar metas

Podemos desarrollar estos rituales en cualquier momento. Tradicionalmente, el mejor tiempo es en luna creciente, pues son hechizos de aumento. Sin embargo, la repetición regular de estos rituales es más importante que la ocasión que elijamos para hacerlos. Cuando es posible, yo los realizo en tiempos favorables, pero no vacilaría en usar momentos desfavorables si no hay alternativa.

Ritual para una meta laboral o comercial

Escoja una vela que lo represente a usted y su objetivo específico. Podría usar una verde o dorada si, por ejemplo, su meta es ganar más dinero. También puede elegir una vela que lo simbolice e inscribir en ella un mensaje que exprese su deseo.

Escoja velas para representar a quienes están involucrados en el resultado. Por ejemplo, si va a pedir un aumento de sueldo, necesitaría una vela para simbolizar a su jefe. Si desea que su empresa sea más exitosa, podría usar velas que representen miembros del personal importantes, clientes y posiblemente su familia.

También necesitará dos velas del mismo color. Sin embargo, deben ser tan diferentes de tamaño como sea posible. Éstas representan la situación actual y aquella en la que desea estar cuando haya logrado su objetivo. Si quiere más dinero, podría inscribir el signo de dólar en cada vela. Si desea un ascenso que incluya una oficina más amplia y mejor, puede hacer un pequeño cuadrado en la vela pequeña para indicar su situación actual, y uno mucho más grande en la otra vela.

Ponga las dos velas del mismo color sobre su altar. La pequeña debe estar a su izquierda, y la grande a su derecha. Entre ellas ubique la vela que lo representa. Alrededor de ésta coloque las otras velas. Las personas más importantes deben estar más cerca de su vela.

Enciéndalas todas y siéntese frente a ellas. Extienda sus brazos para rodear simbólicamente el grupo de velas, y empiece a hablarles. Si lo desea, puede hacer esto silenciosamente. Yo prefiero hablar en lugar de transmitir el mensaje mentalmente. Escuchar mis propias palabras parece darle más fuerza al ritual. Supongamos que usted quiere un aumento de sueldo. Podría empezar hablándole a las velas.

"Les pido que me ayuden a conseguir el aumento de salario al que tengo derecho. Creo que el trabajo que hago beneficia a la empresa, y que merezco un buen aumento de sueldo". Hable de esta manera todo el tiempo que quiera, y luego dirija la atención a la vela que representa a su jefe. "(Nombre del jefe), he estado trabajando para usted (tiempo). He hecho un buen trabajo, que estoy seguro que lo reconoce. Creo que merezco un aumento de salario de (especifique la cantidad que desea). ¿Qué piensa al respecto?"

Continúe observando esta vela, y vea qué pensamientos surgen en su mente. Cuando esté listo, mire las otras velas que representan las personas involucradas y pregúnteles sus puntos de vista. Una vez más, vea qué pensamientos se presentan.

Observe la vela que simboliza a su jefe, y agradézcale por el aumento de sueldo. Extienda de nuevo los brazos para rodear las velas, y dé gracias al universo por todas las bendiciones de su vida.

Apague la vela pequeña que representa su situación económica actual, seguida por las velas que simbolizan las otras personas involucradas. La de su jefe debe ser la última en ser apagada. Esto deja dos velas prendidas: la que lo representa a usted y la que simboliza el dinero extra que va a recibir. Recoja la primera con la mano izquierda, y la otra con la derecha. Levántelas lo más alto que pueda. Con toda la energía posible, diga: "¡Gracias! ¡Gracias! ¡Gracias!"

Coloque estas velas juntas de nuevo en la mesa. Mírelas fijamente un minuto, visualizándose como estará en el futuro cercano cuando tenga su aumento de sueldo. Cuando sienta que es el momento, apague las dos velas y continúe con su día.

Ritual para otros objetivos

Este ritual funciona bien para algo que deseemos mucho y estemos preparados para trabajar con el esfuerzo y tiempo necesarios para lograrlo. Usted debe tener en mente un objetivo específico. Escoja una vela que represente esta meta, e inscriba en ella lo que desea. Elija otra vela que lo simbolice a usted, de casi el mismo tamaño que la primera. Use una vela blanca para indicar su pureza de corazón. Estas velas son todo lo que se requiere, aunque puede adicionar más para representar otras personas que están involucradas en el objetivo. Debe tener velas para simbolizar otras personas si está trabajando por una meta colectiva.

Coloque la vela blanca en el centro del altar y enciéndala. Mírela mientras afirma la pureza de sus intenciones. Cuando se sienta listo, prenda la vela que representa su objetivo y ubíquela al lado izquierdo del altar. Encienda la vela que lo simboliza y póngala a su derecha.

Siéntese en una posición en que pueda ver las tres velas sin mover la cabeza. Diga en voz alta o a sí mismo: "merezco esta meta. Estoy trabajando duro para alcanzarla. Este objetivo ahora es una realidad".

Mueva la vela del objetivo unas pulgadas más cerca del centro del altar. Repita las palabras, y esta vez mueva la vela que lo simboliza unas pulgadas hacia el centro.

Continúe haciendo esto hasta que las tres velas se encuentren en el centro del altar. Enfóquese en la vela que lo representa, y diga: "merezco esta meta". Mire fijamente la vela blanca y diga: "mis intenciones son buenas. Este objetivo beneficia a todos y no perjudica a nadie". Observe la vela que simboliza el objetivo, y diga: "esta meta es mía, puedo sentirla, olerla, probarla y verla. ¡Esta meta es mía!"

Siéntese en frente de las velas y mírelas fijamente todo el tiempo posible mientras piensa en su objetivo y cómo se hará realidad. Apague las velas cuando su atención se desvíe.

Repita este ritual con la mayor frecuencia posible hasta que el objetivo sea logrado.

Rituales para aliviar problemas de vidas pasadas

Todos traemos a esta vida una gran carga de pasadas encarnaciones. Los doctores han notado la forma en que los bebés miran alrededor justo después de nacer. Algunos parecen asustados y alarmados, mientras otros miran como si se preguntaran "¿cómo será esta vez?"

Traemos a esta encarnación capacidades y talentos útiles que podemos desarrollar más durante la vida actual. También venimos con características negativas que nos estorban y detienen. Afortunadamente, es posible eliminar estos obstáculos con las velas mágicas.

Debemos identificar cuáles son estos obstáculos. Si usted no los reconoce, o está inseguro, consulte a un hipnoterapeuta calificado y pida una regresión a vidas pasadas. Descubrirá que es una experiencia fascinante y enriquecedora. Como alternativa, hay diversas técnicas que puede usar para revelar los recuerdos de sus vidas anteriores. Mi libro, *Regrese a sus Vidas Pasadas*, contiene doce métodos diferentes.[1]

Una de mis clientes sufría terriblemente de celos. Descubrimos la razón de esto en una vida pasada que ella tuvo en Jamaica en el siglo XIX. También pude ayudar a un hombre joven que tenía constantes sentimientos de ira. De nuevo, esto era causado por algo que ocurrió en una encarnación pasada. Una vez que conocemos la fuente del problema, podemos usar la magia con velas para controlarlo o eliminarlo. El siguiente es un ritual apropiado para lo anterior.

Ritual para problemas de vidas pasadas

Necesitará una vela que lo represente, la cual debe ser inscrita con su fecha de nacimiento completa, su lugar de nacimiento y la hora, si la sabe. También necesitará una vela más pequeña que lo simbolice en la vida pasada que va a tratar. Inscriba en esta vela los detalles que conozca acerca de la persona que usted solía ser. Podría ser afortunado y tener los detalles de su nacimiento. En tal caso, éstos deben ser inscritos en la vela. También necesitará cuatro velas blancas.

Coloque las dos velas que lo representan en el centro del altar. La vela de la vida anterior debe ser ubicada a su izquierda mirando hacia el altar. Alrededor de ellas coloque las velas blancas en las direcciones Norte, Sur, Este y Oeste. Enciéndalas, iniciando con la de su vida pasada, seguida por la que lo simboliza ahora. Finalmente, prenda las velas de la dirección Este, Sur, Oeste y Norte.

Siéntese de tal modo que pueda ver todas las velas. Imagine que usted y el altar son rodeados por luz blanca pura. Concéntrese en la vela que representa su vida pasada y háblele. "Estoy agradecido por la vida que me diste", podría decir. "Fue una valiosa experiencia de aprendizaje para mí. Sé que no aprendí todas las lecciones que debía, pero hice todo lo posible. Algunas de las cosas que no aprendí siguen teniendo un gran efecto sobre mi vida actual. En particular, estoy siendo bloqueado y detenido por (el problema de vida pasada que sea). Quiero que sepas que estoy trabajando en esto, y te pido que me liberes de dicha carga para evolucionar más en la actual encarnación. Por favor libérame". Haga una pausa y vea lo que surge en su mente. Podría recibir un mensaje, o tal vez tenga una sensación de bienestar y comodidad.

Cuando se sienta listo, dirija la atención a la vela que representa su vida actual. "Gracias por toda la ayuda que me estás dando", podría decir. "Estoy agradecido contigo por darme oportunidades de crecer y evolucionar. Estoy seguro de que cometeré muchos errores en esta vida, pero quiero que sepas que estoy haciendo lo más que puedo. Ahora que he sido liberado de uno de mis mayores escollos, tengo la seguridad de que en el futuro mi progreso será más rápido. Gracias por guiarme y dirigirme".

Ahora observe las cuatro velas blancas. "Gracias por su protección", podría decir. "Aprecio su ayuda y apoyo en todo lo que hago".

Haga una pausa de un minuto, y luego coja la vela que simboliza su encarnación anterior. Sóplela y apáguela, y dígale en voz muy baja "gracias". Déjela a un lado, fuera del círculo de velas blancas.

Contemple la vela que lo representa rodeada por las velas blancas. Cuando sienta que es el momento, háblele. "Estoy contento de ser lo que soy. No soy perfecto pero me estoy esforzando por ser cada vez mejor. Con ayuda y protección divina lo lograré. Debo liberarme del dolor y trauma del pasado y estoy listo para seguir adelante de nuevo en mi vida. Gracias por tu ayuda".

Apague las velas en el siguiente orden: Norte, Oeste, Sur, Este, y finalmente, la vela que lo simboliza. Repita este ritual con la frecuencia que sea necesaria para eliminar el problema.

Rituales para liberar karma

El karma es la ley de causa y efecto. A final todo se equilibra, y esto puede tomar muchas vidas. Por consiguiente, es probable que algo que hagamos en una existencia no sea pagado hasta la siguiente. Esto puede ser muy difícil, porque no tenemos recuerdos conscientes de haber hecho algo malo, pero recibimos más mala suerte en la vida actual.

El karma no puede ser liberado mágicamente. Son lecciones que necesitan ser aprendidas y el karma debe ser pagado. Sin embargo, la magia con velas puede ayudarnos a manejar la situación actual y aceptar que la deuda debe ser pagada para poder evolucionar más.

Primero es necesario reconocer la deuda kármica. La numerología puede ayudar con parte de esto, pues hay cuatro números kármicos: 13, 14, 16 y 19. Si están detrás de los números de su camino de vida, expresión o impulso del alma, o nació en uno de estos días en cualquier mes, tendrá una deuda kármica.

Debido a que el 1 es el número de la independencia, un 19/1 muestra que pensó sólo en sí mismo y abusó del poder en una vida pasada.

4 es el número del sistema y el orden. Un 13/4 indica que usted fue frívolo y superficial en una encarnación anterior, y no puso el esmero necesario al hacer las cosas. Otras personas tuvieron que llevar la carga.

5 es el número de la libertad y la variedad. Un 14/5 muestra que abusó de la libertad en una vida pasada, y probablemente se excedió en placeres sensuales a costa de asuntos más importantes.

7 es el número del análisis y la sabiduría. Un 16/7 sugiere que abusó del sexo, fue egocéntrico y causó sufrimiento a otros.

Una regresión a vidas pasadas puede ayudarnos a descubrir si hay deudas kármicas que deben ser pagadas en la actual encarnación. Será consciente de las deudas que originó en esta vida. El remedio para éstas es enmendarlas todo lo posible. Busque el perdón de aquellas personas con quienes fue injusto, y también perdónese a sí mismo. La magia con velas puede ayudarlo en todo esto.

Ritual de ayuda kármica

Necesitará una vela que lo represente, tres velas para simbolizar las personas importantes en su vida, y cuatro para representar la ayuda y protección divina. Escoja los colores que le parezcan apropiados cuando vaya a realizar este ritual. La mayoría de personas usan velas blancas para simbolizar lo divino, pero usted puede elegir el color que prefiera. Siga sus sentimientos en lugar de la lógica.

Ponga la vela que lo representa en el centro del altar. Ubique las cuatro velas de ayuda divina en las posiciones Norte, Este, Sur y Oeste, y coloque las otras tres velas juntas a la izquierda de la vela central.

Enciéndalas todas, comenzando con la que lo representa, seguida por las de personas importantes en su vida, y luego con las de ayuda divina en las direcciones Este, Sur, Oeste y Norte.

Siéntese cómodo y mire la vela que lo simboliza. Reconozca que ha cometido errores, en esta vida y en otras encarnaciones, y que se esforzará al máximo en el futuro. Sólo puede hacer esto si tiene la intención sincera de hacer mejor las cosas.

Observe las velas que representan a las personas importantes en su vida. Dígales cuánto las ama y cuán importantes son para usted. Mientras hace esto, ciertos nombres pueden llegar a su mente. Dígales lo que necesita decirles. No hay límite para la cantidad de personas a las que puede hablar. Las tres velas simbolizan un grupo de gente, que podría ser una, dos o tal vez cincuenta personas. Hábleles de la manera más abierta posible.

Si tiene una formación cristiana, empiece recitando el Salmo 144. El versículo final de este salmo es: "Bienaventurado el pueblo que tiene esto: bienaventurado el pueblo cuyo Dios es Jehová". Podría comenzar meditando el consejo de uno de mis héroes, Marco Aurelio. Él sugería que cada vez que queramos animarnos, debemos pensar en las buenas cualidades de nuestros amigos y otras personas de nuestra vida.[2] También puede pensar en los momentos felices que ha tenido en el pasado. Para la mayoría de personas éstos son sucesos sencillos, tales como escuchar una determinada pieza musical, disfrutar una caminata con amigos, o la posibilidad de encontrarse con alguien que no han visto en mucho tiempo.

Cuando se sienta listo, dígase a sí mismo que usted es una buena persona que merece la felicidad. Extienda sus brazos y diga: "de hoy en adelante, voy a atraer cosas buenas. Todos los aspectos de mi vida van a mejorar cada vez más. Merezco la felicidad. Soy buena persona y merezco lo mejor que la vida ofrece. Soy alguien feliz. Escojo ser feliz, sin importar lo que pase en mi vida. Soy feliz".

Ponga las manos en su regazo y cierre los ojos unos momentos. Sienta lo que ocurre en su cuerpo. Si detecta las sensaciones de bienestar, puede finalizar el ritual. Si el cuerpo parece estar rechazando las palabras que acaba de decir, repítalas de nuevo, y examine su cuerpo después. Siga haciendo esto hasta que su organismo le indique que el ritual ha terminado.

Apague las velas menos la última la que lo simboliza, y continúe con la rutina de su día. Repita este ritual las veces que pueda hasta que se sienta contento y feliz la mayor parte del tiempo.

Ritual para el éxito

Es natural desear el éxito. Sin importar cuán exitosa sea una persona ahora, quizás querrá progresar más. La vida tiene altibajos y nada es permanente. Usted puede ser un triste fracasado hoy, pero eso no significa que no llegue a ser alguien muy exitoso mañana. Sin importar cuál sea su situación en el momento, este ritual le ayudará a progresar y tener más éxito en el futuro.

Necesitará una vela grande que lo represente. Escoja un color poderoso, tal como el dorado o rojo, e inscriba en la vela detalles acerca de usted y su deseo de éxito. Si se trata de éxito económico, podría inscribir el signo de dólar. Si quiere progresar en todas las áreas de su vida, haga una flecha que apunte hacia arriba para indicar a dónde quiere llegar. Esta vela es puesta en el centro del altar.

También necesitará cuatro velas blancas para simbolizar protección divina. Son ubicadas en las posiciones Norte, Sur, Este y Oeste alrededor de la vela.

Tenga además un adorno de cualquier tipo que le sugiera éxito. Yo suelo usar una pequeña pirámide de ónix. La pirámide apunta hacia el firmamento, e interpreto esto como avance ascendente. Necesitará un ornamento que pueda ser expuesto abiertamente en su oficina o casa sin atraer la excesiva atención de otras personas. Cada vez que lo vea, automáticamente recordará su deseo de éxito. El adorno debe ser puesto en el centro de la parte frontal del altar.

También debe tener velas de los colores apropiados para simbolizar su camino de vida, expresión, impulso del alma y día de nacimiento. Estas son colocadas en las cuatro esquinas del altar.

El incienso es opcional. Me gusta usarlo para este ritual en particular, pues quiero obtener ayuda de todas las fuentes posibles.

Inicie el ritual encendiendo las cuatro velas de las esquinas y la del centro (que lo representa). Después prenda las cuatro blancas, en las posiciones Norte, Este, Sur y Oeste.

Piense por unos momentos en el éxito y lo que significa para usted. Es probable que su idea de éxito sea diferente a la mía. Fantasee un poco, mientras mira fijamente las velas, y piense en cómo cambiará su vida cuando tenga el éxito que desea.

Extienda los brazos para rodear simbólicamente el altar, y pida ayuda divina para alcanzar sus metas. Sea lo más específico posible. Si quiere dinero, determine la cantidad. Si desea una casa nueva, hable del tipo de vivienda y todo lo que quiere dentro de ella.

Ahora debe decir lo que hará para lograr este nivel de éxito. Casi siempre hay que pagar un precio, y si desea un progreso extraordinario debe estar dispuesto a asumirlo.

Cuando haya hecho esto, dé gracias por las bendiciones que va a recibir. Coja el ornamento y páselo a través del humo de cada vela. Sosténgalo con ambas manos y solemnemente dé las gracias de nuevo. Apague las velas invirtiendo el orden seguido cuando las encendió, ponga el adorno donde lo pueda ver frecuentemente, y siga con su rutina diaria. Repita este ritual una vez a la semana hasta que logre el nivel de éxito que desea.

Ritual de prosperidad

Este ritual es similar al de éxito. Sin embargo, en lugar de usar un ornamento, se necesitan tres monedas. Tengo tres monedas chinas que utilizo sólo para este trabajo mágico, pero cualquier moneda sirve. No obstante, es buena idea usar monedas poco comunes, pues debemos conservarlas. Si emplea las monedas más corrientes de su país, podría gastarlas accidentalmente.

Coloque las velas de la misma forma que en el ritual anterior, y enciéndalas. Siéntese frente a ellas y piense en su deseo de prosperidad. Sea específico en la cantidad exacta de dinero que desea. Pedir mucho dinero no es útil, porque la definición de "mucho" varía de persona a persona. Pedir un millón de dólares es específico. No sea modesto en su solicitud. El universo le ayudará a conseguir la cantidad que pida. Piense en lo que hará cuando logre su objetivo económico. Considere los cambios que hará en su vida este dinero. Piense en el trabajo que será requerido para ganar dicha suma.

Extienda los brazos y dé gracias por todas las bendiciones de su vida. Empiece hablando de su sueño de independencia económica, y cómo piensa alcanzarlo. Pida ayuda y protección divina. Coja las tres monedas y hágalas tintinear en sus manos ahuecadas. Páselas a través del humo de cada vela, y dé las gracias una vez más.

Tire las monedas al aire y cójalas tres veces. Hágalas tintinear en las manos unos momentos, mientras imagina grandes cantidades de dinero llegando a usted.

Cuando sienta que es el momento, apague las velas y continúe con su día. Cargue las monedas a todo momento.

Ritual del tesoro hallado

Este es un ritual fascinante que da increíbles resultados. A mí me ha funcionado, y otras personas que conozco han tenido resultados similares al hacerlo.

Primero que todo, siéntese en un lugar cómodo y haga una lista de todas las cosas que le gustaría tener en la vida. ¿Más dinero? Ponga por escrito la cantidad exacta que desea. ¿Un alma gemela? Escriba todas las cualidades que le gustaría encontrar en esta persona. ¿Una casa nueva? ¿Un carro nuevo? ¿Un viaje al extranjero? No importa qué sea, siempre y cuando lo desee intensamente. Es bueno hacer esta lista en varios días, pues diversas ideas llegarán a su mente una vez que empiece a pensar en esto.

Cuando termine la lista, comience a buscar fotos en periódicos y revistas que ilustren lo que anhela. Por ejemplo, si desea mucho una casa nueva, consiga una foto del tipo de vivienda que quiere. Cuando tenga ilustraciones de todas las cosas que desea, péguelas en una cartulina grande. Este es el mapa de su tesoro. Ponga las fotos de la forma más estética posible, y siéntase libre de agregar los adornos que quiera. También puede adicionar cantidades monetarias a las imágenes para indicar el costo aproximado de cada cosa. Si es afortunado, quizás pueda colocar el mapa del tesoro terminado en su casa de tal forma que vea los objetos cada vez que mire en esa dirección. La mayoría de personas prefieren mantener en secreto sus deseos, y no los exponen para que todo el mundo los vea. No hay problema. En este caso se debe enrollar el mapa del tesoro después de hacer el ritual, y guardarlo en un lugar seguro hasta la siguiente vez.

Además de las fotos de todo lo que desea, necesitará al menos siete velas: una inscrita que lo represente, una dorada para simbolizar abundancia, una roja para simbolizar energía y poder, y cuatro velas blancas para protección. Puede agregar las velas que quiera. Si uno de sus deseos es tener pareja, por ejemplo, debería prender una vela rosada.

Coloque el mapa del tesoro en el altar. Si es muy grande, podría desarrollar el ritual en el piso, en lugar de una mesa. Ponga una vela blanca en el centro de cada lado para representar las cuatro direcciones. Ubique en el centro la vela que lo simboliza. La dorada es colocada en la esquina izquierda posterior y la roja en la esquina derecha. Las otras velas pueden ser puestas en las dos esquinas frontales, seguidas por una línea a través de la parte trasera del altar.

Todos estos rituales son más efectivos usando velas hechas por nosotros mismos. Muchos magos disfrutan elaborar sus propias velas, pero he conocido otros que nunca lo han intentado. Si usted piensa gozar de esta práctica, el siguiente capítulo le mostrará cómo hacerlo.

Quince

Cómo fabricar sus propias velas

La mayoría de las veces compro las velas. Sin embargo, en muchas ocasiones las he fabricado. A veces es sólo por el gusto de hacer algo útil, pero más a menudo se debe a que quiero imbuir las velas de energía y propósito especial. Las velas no son difíciles de fabricar, siempre que se tomen las precauciones básicas de seguridad.

La mayoría de ciudades grandes tienen una tienda especializada en vender el material para la fabricación de velas. Algunas ofrecen clases para aprender a hacerlas, y vale la pena tomarlas para conocer los detalles más finos de este arte.

Es importante fabricar las velas con un propósito claro en nuestra mente.

Velas de cera de abejas

Antes solía criar abejas y por siempre tenía una provisión de láminas de panal. Actualmente podemos comprarlas en una variedad de colores. Muchos colmenares venden láminas de cera de abejas a precios razonables. Las velas con esta cera son fáciles de fabricar aunque se requiere práctica para que siempre luzcan bien.

Necesitará tres láminas de panal para hacer una vela. Ponga la lámina sobre una superficie plana y coloque una mecha a lo largo de uno de los bordes más cortos. Doble el borde sobre la mecha y presione fuertemente para asegurarla. Enrolle con fuerza la lámina. Poco antes de enrollarla toda, traslape otra lámina, y siga haciendo esto hasta que la vela tenga el diámetro deseado. Por lo general tres láminas son suficientes.

El distribuidor también puede suministrar cera de abejas en bloque o bolas. Ésta puede ser usada junto con la cera de parafina para hacer bellas velas moldeadas. Éstas no se encogen tanto como las velas moldeadas hechas únicamente con cera de parafina. La proporción usual es una parte de cera de abejas por cuatro de cera de parafina.

Moldear velas

Elementos necesarios

1. Una marmita doble. Es mejor comprar una marmita doble especial para hacer velas. Una olla de barro cocido también sirve. Nunca derrita cera en una olla sobre una llama abierta.

2. Termómetro. El distribuidor le sugerirá el mejor tipo de termómetro para su propósito. El mío lo utilizo para determinar el calor de carne asada, y consiste en una varilla metálica con un dial circular en el extremo.

3. Moldes. Se asombrará de la variedad de moldes disponibles. Están hechos de metal, plástico y caucho. También puede usar diversos recipientes de su elección, siempre que no se fundan y le permitan sacar la vela una vez que esté hecha. Comience con un molde sencillo. Cuando adquiera experiencia, puede ensayar moldes más complejos.

4. Pulverizador para liberar el molde. Éste es un pulverizador de silicón, y el distribuidor debe tenerlo fácilmente disponible.

5. Cortadora de mechas. Tijeras afiladas funcionan bien para esto.

6. Extintor de incendios. Ojalá nunca lo necesite. El bicarbonato de sosa también es bueno para sofocar llamas si se presenta un incendio.

7. Cera. La mejor cera para comenzar es la de parafina. Ésta se encuentra en ferreterías y tiendas de comestibles. Un distribuidor especializado de velas le dirá las ventajas y desventajas de las diferentes ceras. La mayoría de proveedores venden cera para moldes que se funde a 140 grados (60° C). Esto hará una vela buena y sólida que se desprende con facilidad de cualquier molde. Hay un tipo de cera de parafina llamada "one-pour", que no se contrae

al enfriarse. Aunque es más costosa, elimina problemas posteriores. Otra cera llamada "Dipping wax", o cera de goteo, se usa para hacer cerillas. Se funde a 145 grados (65° C), y debido a que se pega a sí misma, es ideal para hacer velas que se van formando a medida que se sumergen en la cera.

8. Aditivos de la cera. La variedad de éstos ha aumentado en los últimos años. El aditivo más usado es la estearina, a veces llamada ácido esteárico. Endurece la cera y hace más fácil sacarla del molde. El distribuidor le dirá qué cantidad a usar. El "Vybar" es un aditivo útil que debe ser utilizado si desea hermosas velas blancas. Cristales de pourette pueden agregarse a la cera para ayudar a reducir la contracción. Son fundidos por separado y luego mezclados con la cera antes de hacer las velas. Otros elementos se pueden adicionar a la cera, dependiendo de los rituales que serán desarrollados. Hojas, hierbas y monedas son ejemplos de objetos que pueden agregarse.

9. Mechas. También hay disponibles muchos tipos de mechas. Las más usadas para velas moldeadas son las de trenza plana y trenza cuadrada. Estas últimas son las más populares para velas de molde. Las mechas de trenza plana son mejores para velas enrolladas. La mecha debe ser proporcional al diámetro de la vela. Use unas pequeñas cuando emplee moldes angostos, y más grandes para hacer velas de mayor tamaño. Debe experimentar para determinar la mecha apropiada para cada vela.

10. Tintes. La tintura es el método más usado para colorear velas, y es mejor emplear tintes hechos especialmente para la fabricación de las mismas. No use creyones como tintes, pues pueden causar problemas con la mecha. No querrá que las velas se apaguen misteriosamente en pleno ritual. Los tintes se consiguen en líquido, polvo y pastilla.

11. Aroma. Yo prefiero no aromatizar mis velas, debido a que me gusta usar incienso en los rituales. Sin embargo, si usted desea hacerlo, use aroma líquido en lugar de aroma en bloque. Es más costoso, pero más fácil de utilizar, y produce un olor más atrayente. También puede aromatizar sus velas con diversas hierbas y especias.

12. Toallas de papel. La fabricación de velas requiere el uso de toallas de papel en diferentes formas. Puede usarlas para cubrir su superficie de trabajo, limpiar fluidos derramados, limpiar sus manos, y coger elementos que estén calientes.

Instrucciones

Si su cera viene en un bloque grande, póngala en una bolsa plástica y despedácela con un mazo. También puede rebanar pedazos con un cuchillo. Ponga la cera en una marmita doble y adicione suficiente estearina. Usualmente, dos o tres cucharadas de estearina por cada libra de cera son suficientes. Caliente hasta derretir la cera.

Mientras la cera se está calentando, prepare los moldes. Rocíe una pequeña cantidad de silicón en los moldes, luego ponga las mechas. Siga las instrucciones de los moldes para hacer esto. La forma más fácil de colocar la mecha en moldes no estándar, es hacer un pequeño agujero en el fondo, y enhebrarla a través de él. Selle el exterior del agujero con cemento de goma. Ate el otro extremo al centro de una varilla puesta a través de la parte superior del molde. También podría pegar la mecha a la base del molde. Otra alternativa es meter la mecha en cera fundida por un momento. Sostenga firme hasta que la cera se seque. Esto crea una mecha rígida que puede ser puesta en el centro del molde, con el extremo superior atado a la varilla, como antes. Las mechas de trenza cuadrada son las mejores para velas moldeadas. Si va a usar una mecha de trenza plana, asegúrese de que la lanilla de la trenza apunte hacia abajo. Esto es fácil de hacer porque el patrón luce como una serie de flechas que apuntan hacia abajo.

Prepare un baño maría, llenando el recipiente hasta media pulgada del borde superior de los moldes. Asegúrese de que no entre agua a los moldes mientras hace esto.

Esté atento a la cera caliente, revolviéndola cada rato con una cuchara de palo. Verifique la temperatura con frecuencia con el termómetro para asegurar que no esté en otra parte cerca del punto de inflamación, que es la temperatura a la cual la cera entra en combustión. Ésta es 375 grados para la mayoría de ceras de parafina. Asegúrese de mantener la cera por debajo de esta temperatura; 140 grados es suficiente para la mayoría de propósitos.

Una vez que la cera alcance una temperatura en que pueda ser vertida, apague la fuente de calor, y adicione tinte si está haciendo velas de color. Mezcle bien hasta que todo el tinte se disuelva. Si va a usar aroma, agréguelo justo antes de verter el fluido.

Coloque la cera en el molde. Hágalo de manera cuidadosa, lenta y estable. Si puede inclinar un poco el molde mientras vierte la cera, evitará la mayoría de burbujas de aire minúsculas que usualmente se forman. Llene los moldes hasta una pulgada del borde. Cuando termine de vaciar la cera, déle golpecitos en el molde para liberar las burbujas que hayan quedado adentro. Espere 60 segundos para que salgan, y luego ponga el molde en baño maría. Éste le da a las velas una textura lisa y brillante. Asegúrese de que el agua no entre en contacto con la cera, pues esto arruinaría la vela. Quizás tendrá que poner un peso a los moldes para evitar que se inclinen hacia el agua.

Deje las velas en el baño maría por cerca de 2 horas, y permita que el resto del enfriamiento se dé a temperatura ambiente. Las velas grandes pueden tomar hasta ocho horas para enfriarse lo suficiente antes de ser removidas de los moldes. Yo las dejo toda la noche para asegurar que se endurezcan por completo.

Deje que la vela se solidifique en su totalidad antes de sacarla del molde. Debe salir fácilmente. Si tiene dificultad para removerla, ponga el molde en un refrigerador por media hora e inténtelo de nuevo. (Si el molde es de metal, déjelo en el refrigerador sólo hasta que se sienta frío. Si lo deja a baja temperatura mucho tiempo, se formarán grietas en la vela). Un último recurso es calentar el molde con agua caliente hasta que la vela salga.

Es bueno dejar de reserva una pequeña cantidad de cera de la cocción, porque la cera puede contraerse alrededor de la mecha al solidificarse. Mientras la vela se enfría, verifique con frecuencia para ver si esto ocurre. Si es necesario, vierta cera para rellenar los vacíos. Tal vez deba hacerlo varias veces. Este problema no se presenta con cera "one-pour".

Es probable que tenga que aplanar la base de sus velas. Caliente una lata de hornear sobre agua hirviente. Sostenga la vela de la mecha y deje que la base toque suavemente la lata hasta que quede lisa y plana. Una alternativa es usar una sartén vieja.

Cualquier marca o huella dactilar sobre la vela puede ser quitada con un pedazo de tela suave. Si lo desea, use brillo, vendido por el distribuidor, para darles una capa brillante y protectora a las velas.

Velas sumergidas

Sumergir las velas es una excelente forma de hacer velas delgadas. Necesitará un recipiente de cera fundida, lo suficientemente profundo para contener cerca de una pulgada más de cera que la longitud de la vela. Deberá meter una mecha en la cera fundida varias veces para gradualmente crear la vela.

Hay dos formas de comenzar. Una es sujetar un pequeño peso en el extremo de la mecha para asegurar que se hunda hasta el fondo del recipiente de cera fundida. También puede colocar la mecha en la cera, sacarla, y mantenerla firme hasta que la cera se seque y la mecha se endurezca. Luego sumérjala las veces que sea necesario.

Aunque este procedimiento parece una forma fácil de fabricar una vela, hay que tener cuidado. Si deja la mecha en la cera mucho tiempo, se derretirá la cera endurecida de las anteriores inmersiones. Si la deja muy poco tiempo, es probable que los resultados no sean buenos.

La primera vez que introduzca la mecha, déjela en la cera 3 minutos. Sáquela y espere que se enfríe. Cuando pueda cogerla, alise la cera con los dedos o haciéndola rodar sobre una superficie lisa.

Introduzca la vela de nuevo 3 segundos. Sáquela 3 minutos. La siguiente vez que la sumerja, sumerja sólo un tercio de la vela. Sáquela 3 minutos. Métala nuevamente 3 segundos, ahora sumergiendo dos tercios de la vela. Sáquela 3 minutos. Meta la vela entera 3 segundos.

Siga trabajando de esta manera. Sumerja un tercio de la vela 3 segundos, luego dos tercios, y después toda la vela, dejando un espacio de 3 minutos entre cada inmersión. Hágalo hasta que la vela tenga el tamaño que usted desea.

Este parece ser un trabajo arduo que toma mucho tiempo. Puede sumergir dos o más velas a la vez. Suspenda las mechas necesarias en una varilla, y sumérjalas juntas. Esto acelera todo el proceso. Sin embargo, debería fabricar velas para sólo un propósito. Es imposible que concentre su intención en diferentes áreas mientras las está haciendo.

La fabricación de velas es una actividad fascinante y es fácil convertir esta actividad en una afición. Tome nota de sus éxitos y fracasos. Muchas veces la temperatura de la habitación puede afectar el resultado final. Experimente con diferentes combinaciones y mezclas hasta que logre los resultados que busca.

Conclusión

Ahora todo depende de usted. Ya sabe todo lo que necesita conocer sobre el noble arte de la magia con velas. Esto ha sido una parte importante de mi vida por 40 años, y me ha ayudado al igual que a otras personas. Durante mucho tiempo dirigí clases de desarrollo psíquico y presencié muchos de los logros que tuvieron mis estudiantes con las velas mágicas. Fui testigo de problemas económicos solucionados y curaciones asombrosas. Uno de los estudiantes, que había estado desempleado varios años, encontró trabajo. Otros hallaron la pareja apropiada para compartir la vida. Todos estos resultados fueron producto de la magia con velas. Como soy consciente de lo que este tipo de magia ha hecho por mí, y he visto increíbles resultados en tantas personas, sé que también le funcionará a usted.

Entre otras cosas, las velas mágicas ayudarán a:

- Encontrar la pareja apropiada
- Mejorar una relación existente
- Lograr paz interior y satisfacción
- Disfrutar mejores relaciones con otras personas
- Dar gracias por las bendiciones de su vida
- Encontrar un empleo adecuado
- Lograr prosperidad
- Protegerse a sí mismo y a otros
- Ser más (o menos) fértil
- Conectarse con lo divino
- Fortalecer su espiritualidad
- Desarrollarse psíquicamente
- Mejorar la salud
- Eliminar malos hábitos
- Conseguir lo que desea
- Liberarse de alguien de su vida
- Eliminar energía negativa
- Ganar energía positiva
- Mejorar su suerte
- Cambiar su futuro

Sin embargo, nada sucederá a menos que empiece a practicar la magia con velas. Piense en algo que desea lograr, y luego desarrolle un ritual con velas. Comience con peticiones pequeñas y observe los resultados. Es buena idea llevar registros de los experimentos. Un libro de ejercicios escolar sirve, pero se sentirá mejor si invierte algo de dinero para comprar un libro fino para escribir sus resultados. Con el tiempo se convertirá es un registro fascinante de su crecimiento y desarrollo mágico.

Cuando adquiera confianza y experiencia con las velas, siéntase libre de experimentar. En estas páginas he explicado mis ideas sobre la magia con velas, pero usted tendrá sus propios conceptos. Todo lo que necesita saber para crear su propio sistema de magia se encuentra aquí, en estas páginas. Use su creatividad e intuición para inventar rituales únicamente suyos. Sentirá un gran placer al elaborarlos, y los encontrará mucho más poderosos que los rituales hallados en otras fuentes.

La magia con velas es engañosamente simple. Debido a esto, la gente piensa que es fácil. No obstante, al igual que cualquier otra cosa que valga la pena, se requiere tiempo y esfuerzo para lograr buenos resultados.

Cuide sus velas. Asegúrese de ungirlas antes de usarlas. Guárdelas con cuidado después de los rituales. Trátelas con respeto. Lleve a cabo sólo magia positiva.

La magia es una herramienta poderosa para originar cambios, y tiene la capacidad de mejorar todas las áreas de nuestra vida. Usted se dará cuenta de esto tan pronto como decida llevar una vida mágica. Si sigue los consejos y sugerencias de este libro, sé que la magia con velas jugará un papel importante en su crecimiento y desarrollo.

Elementos y signos para los años 1900–2008

Elemento	Signo	Período de tiempo
Metal	Rata	31 enero 1900 a 18 febrero 1901
Metal	Buey	19 febrero 1901 a 7 febrero 1902
Agua	Tigre	8 febrero 1902 a 28 enero 1903
Agua	Conejo	29 enero 1903 a 15 febrero 1904
Madera	Dragón	16 febrero 1904 a 3 febrero 1905
Madera	Serpiente	4 febrero 1905 a 24 enero 1906
Fuego	Caballo	25 enero 1906 a 12 febrero 1907
Fuego	Oveja	13 febrero 1907 a 1 febrero 1908
Tierra	Mono	2 febrero 1908 a 21 enero 1909
Tierra	Gallo	22 enero 1909 a 9 febrero 1910
Metal	Perro	10 febrero 1910 a 29 enero 1911
Metal	Cerdo	30 enero 1911 a 17 febrero 1912
Agua	Rata	18 febrero 1912 a 5 febrero 1913
Agua	Buey	6 febrero 1913 a 25 enero 1914
Madera	Tigre	26 enero 1914 a 13 febrero 1915
Madera	Conejo	14 febrero 1915 a 2 febrero 1916
Fuego	Dragón	3 febrero 1916 a 22 enero 1917
Fuego	Serpiente	23 enero 1917 a 10 febrero 1918
Tierra	Caballo	11 febrero 1918 a 31 enero 1919

Elemento	Signo	Período de tiempo
Tierra	Oveja	1 febrero 1919 a 19 febrero 1920
Metal	Mono	20 febrero 1920 a 7 febrero 1921
Metal	Gallo	8 febrero 1921 a 27 enero 1922
Agua	Perro	28 enero 1922 a 15 febrero 1923
Agua	Cerdo	16 febrero 1923 a 4 febrero 1924
Madera	Rata	5 febrero 1924 a 24 enero 1925
Madera	Buey	25 enero 1925 a 12 febrero 1926
Fuego	Tigre	13 febrero 1926 a 1 febrero 1927
Fuego	Conejo	2 febrero 1927 a 22 enero 1928
Tierra	Dragón	23 enero 1928 a 9 febrero 1929
Tierra	Serpiente	10 febrero 1929 a 29 enero 1930
Metal	Caballo	30 enero 1930 a 16 febrero 1931
Metal	Oveja	17 febrero 1931 a 5 febrero 1932
Agua	Mono	6 febrero 1932 a 25 enero 1933
Agua	Gallo	26 enero 1933 a 13 febrero 1934
Madera	Perro	14 febrero 1934 a 3 febrero 1935
Madera	Cerdo	4 febrero 1935 a 23 enero 1936
Fuego	Rata	24 enero 1936 a 10 febrero 1937
Fuego	Buey	11 febrero 1937 a 30 enero 1938
Tierra	Tigre	31 enero 1938 a 18 febrero 1939
Tierra	Conejo	19 febrero 1939 a 7 febrero 1940
Metal	Dragón	8 febrero 1940 a 26 enero 1941
Metal	Serpiente	27 enero 1941 a 14 febrero 1942
Agua	Caballo	15 febrero 1942 a 4 febrero 1943
Agua	Oveja	5 febrero 1943 a 24 enero 1944
Madera	Mono	25 enero 1944 a 12 febrero 1945
Madera	Gallo	13 febrero 1945 a 1 febrero 1946
Fuego	Perro	2 febrero 1946 a 21 enero 1947

Elemento	Signo	Período de tiempo
Fuego	Cerdo	22 enero 1947 a 9 febrero 1948
Tierra	Rata	10 febrero 1948 a 28 enero 1949
Tierra	Buey	29 enero 1949 a 16 febrero 1950
Metal	Tigre	17 febrero 1950 a 5 febrero 1951
Metal	Conejo	6 febrero 1951 a 26 enero 1952
Agua	Dragón	27 enero 1952 a 13 febrero 1953
Agua	Serpiente	14 febrero 1953 a 2 febrero 1954
Madera	Caballo	3 febrero 1954 a 23 enero 1955
Madera	Oveja	24 enero 1955 a 11 febrero 1956
Fuego	Mono	12 febrero 1956 a 30 enero 1957
Fuego	Gallo	31 enero 1957 a 17 febrero 1958
Tierra	Perro	18 febrero 1958 a 7 febrero 1959
Tierra	Cerdo	8 febrero 1959 a 27 enero 1960
Metal	Rata	28 enero 1960 a 14 febrero 1961
Metal	Buey	15 febrero 1961 a 4 febrero 1962
Agua	Tigre	5 febrero 1962 a 24 enero 1963
Agua	Conejo	25 enero 1963 a 12 febrero 1964
Madera	Dragón	13 febrero 1964 a 1 febrero 1965
Madera	Serpiente	2 febrero 1965 a 20 enero 1966
Fuego	Caballo	21 enero 1966 a 8 febrero 1967
Fuego	Oveja	9 febrero 1967 a 29 enero 1968
Tierra	Mono	30 enero 1968 a 16 febrero 1969
Tierra	Gallo	17 febrero 1969 a 5 febrero 1970
Metal	Perro	6 febrero 1970 a 26 enero 1971
Metal	Cerdo	27 enero 1971 a 15 enero 1972
Agua	Rata	16 enero 1972 a 2 febrero 1973
Agua	Buey	3 febrero 1973 a 22 enero 1974
Madera	Tigre	23 enero 1974 a 10 febrero 1975

Elemento	Signo	Período de tiempo
Madera	Conejo	11 febrero 1975 a 30 enero 1976
Fuego	Dragón	31 enero 1976 a 17 febrero 1977
Fuego	Serpiente	18 febrero 1977 a 6 febrero 1978
Tierra	Caballo	7 febrero 1978 a 27 enero 1979
Tierra	Oveja	28 enero 1979 a 15 febrero 1980
Metal	Mono	16 febrero 1980 a 4 febrero 1981
Metal	Gallo	5 febrero 1981 a 24 enero 1982
Agua	Perro	25 enero 1982 a 12 febrero 1983
Agua	Cerdo	13 febrero 1983 a 1 febrero 1984
Madera	Rata	2 febrero 1984 a 19 febrero 1985
Madera	Buey	20 febrero 1985 a 8 febrero 1986
Fuego	Tigre	9 febrero 1986 a 28 enero 1987
Fuego	Conejo	29 enero 1987 a 16 febrero 1988
Tierra	Dragón	17 febrero 1988 a 5 febrero 1989
Tierra	Serpiente	6 febrero 1989 a 26 enero 1990
Metal	Caballo	27 enero 1990 a 14 febrero 1991
Metal	Oveja	15 febrero 1991 a 3 febrero 1992
Agua	Mono	4 febrero 1992 a 22 enero 1993
Agua	Gallo	23 enero 1993 a 9 febrero 1994
Madera	Perro	10 febrero 1994 a 30 enero 1995
Madera	Cerdo	31 enero 1995 a 18 febrero 1996
Fuego	Rata	19 febrero 1996 a 6 febrero 1997
Fuego	Buey	7 febrero 1997 a 27 enero 1998
Tierra	Tigre	28 enero 1998 a 15 febrero 1999
Tierra	Conejo	16 febrero 1999 a 4 febrero 2000
Metal	Dragón	5 febrero 2000 a 23 enero 2001
Metal	Serpiente	24 enero 2001 a 11 febrero 2002
Agua	Caballo	12 febrero 2002 a 31 enero 2003

Elemento	Signo	Período de tiempo
Agua	Oveja	1 febrero 2003 a 21 enero 2004
Madera	Mono	22 enero 2004 a 8 febrero 2005
Madera	Gallo	9 febrero 2005 a 28 enero 2006
Fuego	Perro	29 enero 2006 a 17 febrero 2007
Fuego	Cerdo	18 febrero 2007 a 6 febrero 2008

Alfabetos mágicos

Los siguientes ejemplos de alfabetos mágicos son extraídos de la obra *Write Your Own Magic*, de Richard Webster (Llewellyn, 2001).

Tebeo

A	B	C	D	E	F	G	H

I	J	K	L	M	N	O	P

Q	R	S	T	U	V	W	X

Y	Z	&

Etrusco

A	B	C	D	E	F	G	H	I	J
Я	Ɔ	⋜	Я	Ⅎ	8	D	⅂	⅃	

K	L	M	N	O	P	Q	R	S	T
⅂	⅃	M	И	◇	Ⅎ		△	⅂	↗

U	V	W	X	Y	Z	CH	IL
	V		X	Z	Z	⅄	⅄

Templario

A	B	C	D	E	F	G	H	I	J
∨	<	∧	>	◿	◹	△	▽	◇	

K	L	M	N	O	P	Q	R	S	T
◇	◇	◇	✕	∨	<	∧	>	▽	◁

U	V	W	X	Y	Z
△	◇	◇	◇	∨	

Horas planetarias

Horas diurnas

	Dom	Lun	Mar	Mié	Jue	Vie	Sáb
1	Sol	Luna	Marte	Mercurio	Júpiter	Venus	Saturno
2	Venus	Saturno	Sol	Luna	Marte	Mercurio	Júpiter
3	Mercurio	Júpiter	Venus	Saturno	Sol	Luna	Marte
4	Luna	Marte	Mercurio	Júpiter	Venus	Saturno	Sol
5	Saturno	Sol	Luna	Marte	Mercurio	Júpiter	Venus
6	Júpiter	Venus	Saturno	Sol	Luna	Marte	Mercurio
7	Marte	Mercurio	Júpiter	Venus	Saturno	Sol	Luna
8	Sol	Luna	Marte	Mercurio	Júpiter	Venus	Saturno
9	Venus	Saturno	Sol	Luna	Marte	Mercurio	Júpiter
10	Mercurio	Júpiter	Venus	Saturno	Sol	Luna	Marte
11	Luna	Marte	Mercurio	Júpiter	Venus	Saturno	Sol
12	Saturno	Sol	Luna	Marte	Mercurio	Júpiter	Venus

Horas nocturnas

	Dom	Lun	Mar	Mié	Jue	Vie	Sáb
1	Júpiter	Venus	Saturno	Sol	Luna	Marte	Mercurio
2	Marte	Mercurio	Júpiter	Venus	Saturno	Sol	Luna
3	Sol	Luna	Marte	Mercurio	Júpiter	Venus	Saturno
4	Venus	Saturno	Sol	Luna	Marte	Mercurio	Júpiter
5	Mercurio	Júpiter	Venus	Saturno	Sol	Luna	Marte
6	Luna	Marte	Mercurio	Júpiter	Venus	Saturno	Sol
7	Saturno	Sol	Luna	Marte	Mercurio	Júpiter	Venus
8	Júpiter	Venus	Saturno	Sol	Luna	Marte	Mercurio
9	Marte	Mercurio	Júpiter	Venus	Saturno	Sol	Luna
10	Sol	Luna	Marte	Mercurio	Júpiter	Venus	Saturno
11	Venus	Saturno	Sol	Luna	Marte	Mercurio	Júpiter
12	Mercurio	Júpiter	Venus	Saturno	Sol	Luna	Marte

Notas

Introducción

1. Reverendo Ray T. Malbrough, *The Magical Power of the Saints: Evocations and Candle Rituals* (St. Paul, MN: Llewellyn Publications, 1998), 68.

2. *Encyclopaedia Britannica,* Micropaedia, Volumen II (Chicago, IL: Encyclopedia Britannica, Inc., 15a edición, 1983), 506.

3. *Encyclopaedia Britannica,* Macropaedia, Volumen 4 (Chicago, IL: Encyclopedia Britannica, Inc., 15a edición, 1983), 744.

4. Gordon Grimley, *The Origins of Everything* (St. Albans, UK: Mayflower Books, 1973), 67.

5. Barbara G. Walker, *A Women's Encyclopedia of Myths and Secrets* (San Francisco, CA: Harper and Row, Inc., 1983), 134–135.

Capítulo Uno

1. Aleister Crowley, *Magick Liber ABA*, Book 4 (Originalmente publicado en 1913. Reimpreso por: York Beach, ME: Samuel Weiser, Inc., 1994), 126.

2. Florence Farr, citado en Mary K. Greer, *Women of the Golden Dawn: Rebels and Priestesses* (Rochester, VT: Park Street Press, 1995), 64.

3. Pheylonian Beeswax Candles, Box 56, Marlbank, Ontario, Canada. http://www.philoxia.com.

4. Doreen Valiente, *Natural Magic* (Custer, WA: Phoenix Publishing Inc., 1975), 21.

Capítulo Dos

1. Bill Harris, *The Good Luck Book* (Owings Mills, MD: Oppenheimer Publishers, Inc., 1996), 32.

Capítulo Tres

1. C. A. S. Williams, *Outlines of Chinese Symbolism and Art Motives*, tercera edición revisada. (Shanghai, China: Kelly and Walsh Limited, 1941), 182. (Originalmente publicada como *Outlines of Chinese Symbolism* por Customs College Press, Peiping, China, 1931.)

2. Leonardo da Vinci, citado en Margaret Noëlle Leven, *The Cosmic Rainbow* (Willagee, Australia: Margaret Leven, 2000), 43.

3. Roland Hunt, *The Seven Keys a Colour Healing* (London, UK: The C. W. Daniel Company Limited, 1971), 103–104.

4. Martin Lang, *Character Analysis through Color* (Westport, CT: The Crimson Press, 1940), 61.

Capítulo Cuatro

1. M. Luckiesh, *Language of Colour* (New York, Dodd, Mead and Company, 1918).

2. Carl G. Jung, *Memories, Dreams, Reflections*, grabado y editado por Aniela Jaffe (London, UK: Collins and Routledge and Kegan Paul, 1963), 308.

Capítulo Seis

1. Ken Ring, *Predicting the Weather by the Moon* (Christchurch, NZ: Hazard Press, 2000).

2. Zolar, *Zolar's Magick of Color* (New York, NY: Simon and Schuster, Inc., 1994), 123.

3. Grand Orient (seudónimo de Arthur Edward Waite), *Complete Manual of Occult Divination*, Volumen 1 (New Hyde Park, NY: University Books, Inc., 1972), 208.

Capítulo Siete

1. Michael Howard, *Incense and Candle Burning* (London, UK: The Aquarian Press, 1991), 97.

2. Leo Vinci, *Incense: Its Ritual Significance, Use and Preparation* (New York, NY: Samuel Weiser, Inc., 1980), 19.

3. Francis Barrett, *The Magus* (London: Lackington, Allen, and Co., 1801), 93. Existen muchas ediciones disponibles. La mía es una edición de facsímile publicada por The Aquarian Press, Wellingborough, England, en 1989.

Capítulo Diez

1. Nigel Pennick, *The Secret Lore of Runes and Other Ancient Alphabets* (London, UK: Rider and Company, 1991), 177–181.

2. Paul Christian, *Histoire de la Magie*, 1870.

3. Cornelius Agrippa, *Three Books of Occult Philosophy*, Donald Tyson, editor (St. Paul, MN: Llewellyn Publications, 1993), 560–562.

4. 46 alfabetos son presentados en *Encyclopedia of the Occult, Paranormal and Magick Practices* por Brian Lane (London, UK: Warner Books, 1996), 16–19. 23 alfabetos aparecen en *The Magician's Companion* por Bill Whitcomb (St. Paul, MN: Llewellyn Publications, 1993), 361–398.

5. Bill Whitcomb, *The Magician's Reflection* (St. Paul, MN: Llewellyn Publications, 1999), 189–195.

Capítulo Trece

1. Max Maven, *Max Maven's Book of Fortunetelling* (New York, NY: Prentice Hall, 1992), 175.

Capítulo Catorce

1. Richard Webster, *Regrese a sus Vidas Pasadas* (St. Paul, MN: Llewellyn Español, 2002).

2. Mark Forstater, *The Spiritual Teaching of Marcus Aurelius* (London, UK: Hodder and Stoughton, 2000), 91.

Lecturas sugeridas

Agrippa, Cornelius. *Three Books of Occult Philosophy*. Donald Tyson, editor. St. Paul, MN: Llewellyn Publications, 1993.

Argüelles, José and Miriam. *Mandala*. Boston, Mass: Shambhala Publications, Inc., 1972.

Barrett, Francis. *The Magus*. London, UK: Lackington, Allen, and Co., 1801.

Buckland, Raymond. *Practical Candleburning Rituals*. St. Paul, MN: Llewellyn Publications, 1970.

————. *Advanced Candle Magick*. St. Paul, MN: Llewellyn Publications, 1996.

Crowley, Aleister. *Magick Liber ABA*, Libro 4 (Originally published in 1913). Reimpreso por: York Beach, ME: Samuel Weiser, Inc., 1994.

Dahlke, Rudiger. *Mandalas of the World*. New York, NY: Sterling Publishing Co., Inc., 1992.

DeJong, Lana. *Candlefire*. Cottonmadera, AZ: Esoteric Publications, 1973.

Dey, Charmaine. *The Magic Candle*. Las Vegas, NV: Bell, Book and Candle, 1979.

Dunwich, Gerina. *Wicca Candle Magick*. Secaucus, NJ: Citadel Press, 1997.

Forstater, Mark. *The Spiritual Teaching of Marcus Aurelius*. London, UK: Hodder and Stoughton, 2000.

Greer, Mary K. *Women of the Golden Dawn: Rebels and Priestesses*. Rochester, VT: Park Street Press, 1995.

Grimley, Gordon. *The Origins of Everything*. St. Albans, UK: Mayflower Books, 1973.

Harris, Bill. *The Good Luck Book*. Owings Mills, MD: Oppenheimer Publishers, Inc., 1996.

Hodson, Geoffrey. *Lecture Notes: The School of Wisdom*, Volumen 1. Adyar, India: The Theosophical Publishing House, 1955.

Howard, Michael. *Incense and Candle Burning*. London, UK: The Aquarian Press, 1991.

Hunt, Roland. *The Seven Keys to Colour Healing*. London, UK: The C. W. Daniel Company Limited, 1971.

Ketch, Tina. *Candle Lighting Encyclopedia*. Stone Mountain, GA: Tina Ketch, 1991.

Lane, Brian. *Encyclopaedia of the Occult, Paranormal and Magick Practices*. London, UK: Warner Books, 1996.

Lang, Martin. *Character Analysis through Color*. Westport, CT: The Crimson Press, 1940.

Leven, Margaret Noëlle. *The Cosmic Rainbow*. Willagee, Australia: Margaret Leven, 2000.

Malbrough, Reverend Ray T. *The Magical Power of the Saints: Evocations and Candle Rituals*. St. Paul, MN: Llewellyn Publications, 1998.

Maven, Max. *Max Maven's Book of Fortunetelling*. New York, NY: Prentice Hall, 1992.

Morrish, Furze. *Outline of Astro-Psychology*. London, UK: Rider and Company, 1952.

Pajeon, Kala and Ketz. *The Candle Magick Workbook*. Secaucus, NJ: Citadel Press, 1991.

Pennick, Nigel. *The Secret Lore of Runes and Other Ancient Alphabets*. London, UK: Rider and Company, 1991.

Smith, Steven R. *Wylundt's Book of Incense*. York Beach, ME: Samuel Weiser, Inc., 1989.

Valiente, Doreen. *Natural Magic*. Custer, WA: Phoenix Publishing Inc., 1975.

Vinci, Leo. *Incense: Its Ritual Significance, Use and Preparation*. New York, NY: Samuel Weiser, Inc., 1980.

Walker, Barbara G. *A Women's Encyclopedia of Myths and Secrets*. San Francisco, CA: Harper and Row, Inc., 1983.

Webster, Richard. *Feng Shui for Beginners*. St. Paul, MN: Llewellyn Publications, 1997.

———. *Regrese a sus Vidas Pasadas*. St. Paul, MN: Llewellyn Español, 2002.

———. *Pendulum Magic for Beginners*. St. Paul, MN: Llewellyn Publications, 2002.

Whitaker, Charlene. *Las Velas; su uso en la Meditación y la Autocuración*. St. Paul, MN: Llewellyn Español, 2001.

Whitcomb, Bill. *The Magician's Companion*. St. Paul, MN: Llewellyn Publications, 1993.

———. *The Magician's Reflection*. St. Paul, MN: Llewellyn Publications, 1999.

Williams, C. A. S. *Outlines of Chinese Symbolism and Art Motives*. 3rd revised edition. Shanghai, China: Kelly and Walsh Limited, 1941.

Índice

A

Aarón, 32

abejas, 3, 8, 206

abundancia, 28, 34, 65,
138, 192, 198

aceite, 55–58, 60–61, 86

aceite esencial, 86

Acuario, 35–36

Adán y Eva, 51

aditivos de la cera, 208

adivinación, 21, 130, 165,
167–169, 171

Agripa,Cornelio, 125, 130

agua, 5, 19, 25, 28, 59, 61,
111, 113–120, 168,
170–171, 210–212,
219–223

aire, 2, 5, 14, 20, 40, 50,
59–60, 85, 167, 197, 211

ajenjo, 18, 87

alfabeto angélico, 125

alfabetos, 123–127, 225,
232

Alfredo el Grande, rey, x

Aleister, Crowley, 1, 34, 229

alma, 31, 41, 92, 99–102,
105–106, 140, 144, 148,
150, 154, 185, 195, 197

altar, 8–10, 14–15, 18–22,
39, 46, 60, 84, 101,
115–116, 131–133,
135–136, 138–139, 141,
144, 148, 150–152,
155–156, 159–162, 166,
168, 174, 176, 178,
180–183, 186, 189, 191,
193, 195–196, 199, 201

amarillo, 10, 23–24,
26–27, 34–36, 41, 65,
94, 107, 112–113, 129,
136, 145, 149, 151

amistad, 52, 131, 139, 200

amor, 24–25, 31–32, 42,
52, 56, 59, 65, 80, 88,
131, 133–134, 139–141,
144–145, 148–150, 154,
162, 174, 188, 192,
200–201

amor propio, 31, 145
año personal, 77–78
año solar, 67
Apolo, 158
arco iris, 24, 31, 68, 148,
   175–176
Ariel, 26
Aries, 10, 34–36
armonía, 27, 44, 111, 114,
   139, 145, 149, 157
artemisa, 18, 87
atravesar el río, 125
autocuración, 31, 47
aztecas, 34
azul, 9–10, 24, 28–30,
   35–36, 41, 65, 80, 95,
   101, 107, 113, 115–116,
   140–141, 145, 149, 152,
   156, 200
ámbar, 86–87
Ángeles, 10, 145, 154, 174,
   188, 190–192
Ángeles guardianes, 145,
   174, 188, 190–192
árbol de bendición, 50
árbol de la vida, 130

B
Barrett, Francis, 88, 126,
   130, 231
Biblia, 25, 154, 158
bienes raíces, 32, 65
bindu, 43
Birren, Faber, 68
blanco, 9–11, 19, 32–33,
   42, 65, 107, 113, 145
bodas chinas, 25
bodhi, 51
Buda, 51, 158
budismo, 33
buena suerte, 28, 56, 76,
   166, 169

C
café, 32, 36, 113, 116
camino de vida, 92–97,
   100–102, 124, 185, 195,
   200
candeleros, 14–15, 22
Candelaria, xii
Capricornio, 35–36
Carlomagno, 123
cartas del tarot, 21
Carter, Howard, 83
casa, 2–3, 6–7, 10, 18, 60,
   138, 163, 195–198

cábala, 130
Cáncer, 34–36
cedro, 86–87
cera, 3, 5, 8, 11, 14–15, 48,
    58, 126, 165, 167,
    170–171, 206–213
cerillas, 208
ceromancia, 170
chakras, 151, 175
chamánico, 18, 85
Chevreul, Michel-Eugène, xi
ciclo de destrucción,
    115–116, 118
ciclo de producción,
    114–118
ciclo de reducción, 114
círculo, 19, 21, 43–45, 49,
    157–160, 184, 189–190,
    200–202
círculo de protección, 157,
    159–160, 189
comunicación, 26–27, 41,
    65, 70, 113
concentración, 27, 41, 88
confianza en sí mismo, 32,
    40, 42, 134–135, 145
consagrar, 5, 20, 58
cortadora de mechas, 207
creatividad, 24, 27, 65, 79,
    99, 145, 217

Creta, x
Crowley, Aleister, 1, 34, 229
cristales, 17, 21, 208
cristales de pourette, 208
cristianismo, 84, 157
cuadrado, 45, 129–135,
    137–141, 157, 178
cuadrados mágicos, 127,
    129–131, 133, 135, 137,
    139, 141–142
curación, 13, 37–38, 43,
    45–47, 52, 56, 65,
    142–147, 149–157,
    159–163
curación ausente, 160
curación emocional, 37–38,
    43, 46, 146

D
D'Abano, Peter, 130
Da Vinci, Leonardo, 31,
    230
Decio, emperador, 84
Dee, John, 125, 168
desarrollo personal, 116
deseo, 3–5, 8, 25, 45,
    48–49, 67, 81–82, 104,
    134, 137, 158, 177,
    194–196
despabilador, 15–16, 40

deudas kármicas, 186–187

dinero, 12, 27–28, 42, 57, 59, 66–67, 70, 81, 116, 138, 167, 177–179, 196–197, 217

día personal, 77–81

dorado, 8, 34, 36, 42, 97, 113, 132, 145, 194

E

Edad Media, x

Egipto, x, 83, 158

emociones, 32, 37, 43, 65, 81

energía, 10, 16, 18, 23–26, 39–40, 50, 53, 69–70, 79, 105, 112, 135, 144–145, 147–151, 156–159, 162, 167, 179, 189–190, 192, 198, 205, 216

Escorpión, 35–36

espermaceti, xi

espiritualidad, 20, 24, 31, 80, 96, 145, 149, 154, 216

estearina, xi, 208–209

estrella de David, 158

estrés, 41–42, 112

expresión, 25, 27, 65, 79, 92, 97–98, 101–102, 104, 145, 185, 195

extintor de incendios, 207

éxito, 24, 28, 42, 56, 65, 97, 113, 137–138, 142, 145, 166, 174, 192, 194–196

F

fabricación de velas, 8, 205, 209, 214

familia, 10, 30, 51, 65, 68, 79–80, 95, 135, 138, 144–145, 170, 178

Farr, Florence, 1, 230

fatalidad de los días, 75

Fernyhough, Herbert, 68

filosofía, 30, 96

fragancia, 86–87

fuego, x, 4–5, 15, 18–19, 22, 25–26, 38, 40, 59, 111–112, 114–117, 119–120, 168–169, 219–223

G

Gabriel, 9, 24, 154

Gautama, (vea Buda), 51

Géminis, 34–36

Golden Dawn, 1, 24–28, 30, 34, 230, 234

Goodey, Frank, 39

guías espirituales, 174, 188–190

H
Halloween, (vea Samhain)
 xiii
Hanukkah, xiii
Hawthorne, Nathaniel, 25
hebreos, 12
hexagrama, 158
hierbas, 18–19, 86,
 208–209
higuera, 51
hinduismo, x
hisopo, 86–87
hogar, 65, 95
honoria, 125
horas planetarias, 66, 227
horóscopo, 10, 56

I
iglesia católica, xiii, 85
Imbolg, xii
impaciencia, 41
impulso del alma, 92,
 99–102, 105–106, 185,
 195
incas, 34
incienso, 18, 83–85,
 87–88, 154, 189–191,
 195, 201, 209
inocencia, 33

Inquisición, 123
intuición, 30, 33, 45, 70,
 80, 97, 133–134, 145,
 149, 168, 217
índigo, 9, 30, 41, 80, 95

J
jardín del Edén, 51
Jesús, xii
Jofiel, 30
judaísmo, x, 84, 157
Jung, Carl, 45, 231
Júpiter, 28, 30, 57, 65, 67,
 87, 107, 137–139, 158,
 227–228

K
kamea, 130–132, 134,
 136–140
karma, 5, 88, 105–106,
 174, 184–185
Kelly, Edward, 125, 168
kyphi, 83

L
Lammas, xiii
lámparas votivas, x
lavanda, 18, 87
lealtad, 31, 65, 84, 200
lenguaje de los magos, 125

lenguaje enochian, 125
Leo, 34–36, 231, 235
Libra, 35–36, 209
licnomancia, 166
liderazgo, 65, 134
limpieza, 86
Lord Carnarvon, 83
los cinco elementos, 109,
    111–113, 115, 117, 119,
    121
loto, 33
Luna, 11, 20, 28, 64–67,
    75–76, 87, 107, 133,
    158, 177, 227–228
luna creciente, 67, 177
luna menguante, 64

M
macrocosmo, 43
madera, 15, 20, 85,
    111–112, 114–120,
    219–223
magenta, 32
magia, ix–x, xii–7, 9, 11,
    13, 15–16, 18–22,
    27–34, 36–41, 43, 45,
    47, 49, 51, 53, 55,
    61–67, 69–70, 76–77,
    79, 81–86, 88–89, 91,
    101, 107, 109, 112, 121,
    123, 126–127, 129–131,

133, 142–143, 146, 150,
    161, 166–167, 170, 182,
    185–186, 215, 217–218
magos, 19, 21, 67, 84, 88,
    124–125, 127, 203
Malachim, 125
mandala, 43–47, 233
Marco Aurelio, 193
marmita doble, 206, 209
Marte, xii, 24, 26, 64–65,
    87, 107, 134, 158,
    227–228
mascotas, 15, 161, 163
mayas, 34
mecha, 8, 11, 14–15, 206,
    208–210, 212–213
memoria, 13, 27, 41, 56,
    65, 136–137
mente universal, 4
Mercurio, 25–27, 56, 65,
    87, 107, 136, 158,
    227–228
mes personal, 77–78
Mesopotamia, 157
metal, 111, 113–120, 207,
    211, 219–222
microcosmo, 43
Midsummer, 67
miedo, 41–42, 149
Miguel, 9, 28, 57, 154

mirra, 56, 83, 86–87

Mitra, 158

Moisés, 28–29

moldes, 207–208, 210–211

monte Sinaí, 29

motivación, 26, 40, 100, 105, 117

N

naranja, 10, 25–26, 34–35, 40, 79, 86, 94, 107, 113, 145, 148–149, 151, 176

navajos, 44

Navidad, 67, 170

negro, 10, 33, 36, 65, 107, 113, 145, 168

Neptuno, 30

numerología, 75, 77, 89, 91–93, 95, 97, 99, 101, 103, 105, 107, 109, 130, 160, 185

números kármicos, 185

O

oghams, 123

olíbano, 83–84, 86–87

oráculo de Delfos, 84

Oriel, 26

oro, 32, 34

Osiris, 158

P

paciencia, 65, 140–142

padrenuestro, 175

palito humeante, 18–19

panal, 206

papa Sergio, xii

Paracelso, 168

pasión, 25, 38, 40, 140

pastel de cumpleaños, xii

pebete, 85

pentaclo, 157

péndulo, 16–18, 144, 161, 203

Pheylonian Beeswax Candles, 3, 230

Piscis, 35–36

Pitágoras, 91

Pitia, 84

plateado, 33, 36, 42, 96, 113, 145

Plinio, 168

poder, xiv, 5, 11, 18, 24, 33, 39–40, 57–58, 60, 65, 82, 121, 142, 154, 176–177, 185, 187, 198

preocupación, 149

presión sanguínea, 37

problemas de vidas pasadas, 181–182

protección, 9–11, 13, 22,
33, 42, 56–59, 64–65,
103, 127, 145, 150,
153–155, 157, 159–160,
174–176, 184, 186,
188–189, 191, 195,
197–198
pulverizador para liberar el
molde, 207
pureza, 28, 33, 65, 145,
148, 180
purificación, xii, 18, 33,
154

R
Ra, 83
Rafael, 9, 30, 154–156
recuerdo, 136
regidores planetarios, 107
Remo, 51
resentimiento, 41, 147
revestir, 5, 55, 59–60
ritual, 5, 9, 12, 15–16, 18,
21, 31, 39–40, 48–51,
55, 58, 86, 102, 115,
126, 131, 133, 136–137,
142, 148, 151, 154, 157,
159–163, 166–167,
173–175, 177–178,
180–182, 184, 186–187,
189–192, 194–201, 203,

209, 217, 231, 235
rojo, 10, 23–26, 31–32,
34–37, 39–40, 65, 94,
107, 112, 135, 145,
148–149, 151, 176, 194
romance, 65, 133, 139,
145, 200–201
romero, 18, 86–87
Roodmas, xiii
rosacruces, 5
rosado, 31, 42, 96, 112,
145
Rómulo, 51
rueda medicinal, 44
runas, 123, 125–126

S
Sagitario, 35–36
salvia, 18, 87
Samhain, xiii
San Agustín, 168
Santa Brígida, xii
Santa Hildegarda de Bin-
gen, 44
Santo Tomás de Aquino,
168
Saturno, 30, 65, 87, 107,
140, 158, 227–228
sánscrito, 43
Shakespeare, William, 29
Shaw, George Bernard 34

secreto, 21, 33, 124, 148, 198

sello de Salomón, 158

servicio, xiii, 30, 146, 154

Sol, 20, 24–26, 34, 65–66, 83, 86, 131–132, 158, 227–228

T

Tauro, 34–36

Tebas, x

tebeo, 124, 126, 225

tela de altar, 21

templario, 126, 226

tensión nerviosa, 97

tesoro hallado, 197

testigo, 160–163

Tibet, 43

tiempo apropiado, 63–65, 67, 69, 71, 73, 75, 77, 79, 81

tierra, 4, 24, 27, 32, 51, 59, 111, 113–116, 118–120, 157, 188, 219–222

Tierra prometida, 51

tintes, 209

tortuga, 109, 129–130, 140

triángulo, 45, 150, 157, 165–166

Trithemius, 130

Tutankamón, 83

U

ungir, 55, 59, 61

universo, 4–5, 43–44, 47–48, 52, 68, 81, 85, 103–104, 109, 132, 147, 161, 179, 188, 191, 197, 202

Uriel, 9, 154

V

Vehmgericht, 123

velas aromatizadas, 14

velas astrales, 9–10

velas de altar, 8–10

velas de arcángeles, 9

velas de bolas, 11

velas de cera de abejas, xix, 3, 8, 206

velas de fallecimiento, 12

velas de novena, 11, 13

velas de ofertorio, 12

velas de parafina, xi, 8

velas de sebo, xi

velas de vigilia, 13

velas en forma de cráneo, 13

velas en forma de cruz, 10

velas en forma de gato, 10

velas fálicas, 12

velas lunares, 11

velas sumergidas, 212

velas yoni, 14

Venus, 27, 57, 65, 87, 107, 139, 158, 227–228
verdad, 24, 28, 33, 47, 105, 154
viajes, 28–29, 65, 113, 133–134
vibración cósmica, 67, 69, 92
violeta, 30–32, 35–37, 41, 87, 96, 107, 112, 145, 149–150, 152, 154–157, 176
Virgo, 35–36
vitalidad, 24, 40, 134, 145, 151, 153, 156–157
Vybar, 208

W

Wagner, Richard, 31
Waite, Arthur Edward, 34, 75, 231
Watkins Bookshop, 68
Whitcombe, Bill, 126

Y

Yeats, Butler William, 34
Yom Kippur, xiv
Young, James, xi
Yule, 67

Z

Zadquiel, 25
zodiaco, 34

Correspondencia al autor

Para contactar o escribir al autor, o si desea más información sobre esta publicación, envíe su correspondencia a Llewellyn Español para ser remitida al autor. La casa editora y el autor agradecen su interés y comentarios en la lectura de este libro y sus beneficios obtenidos. Llewellyn Español no garantiza que todas las cartas enviadas serán contestadas, pero si le aseguramos que serán remitidas al autor.

Por favor escribir a:

Richard Webster
Llewellyn Español
P.O. Box 64383, Dept. 0-7387-0647-7
St. Paul, MN 55164-0383, U.S.A.
Incluya un sobre estampillado con su dirección y $US 1.00 para cubrir costos de correo. Fuera de los Estados Unidos

MANTÉNGASE EN CONTACTO...

Visítenos a través de Internet, o en su librería local,
donde encontrará más publicaciones sobre temas relacionados.

www.llewellynespanol.com

CORREO Y ENVÍO

✔ $5 por ordenes menores a $20.00
✔ $6 por ordenes mayores a $20.01
✔ No se cobra por ordenes mayores a $100.00
✔ En U.S.A. los envíos son a través de UPS. No se hacen envíos a Oficinas Postáles.
Ordenes a Alaska, Hawai, Canadá, México y Puerto Rico se envían en 1ª clase.
Ordenes Internacionales: *Envío aéreo*, agregue el precio igual de c/libro al total del valor ordenado más $5.00 por cada artículo diferente a libros (audiotapes, etc.).
Envío terrestre, agregue $1.00 por artículo.

ORDENES POR TELÉFONO

✔ Mencione este número al hacer su pedido: 0-7387-647-7
✔ Llame gratis en los Estados Unidos y Canadá al teléfono:1-877-LA-MAGIA.
En Minnesota, al (651) 291-1970
✔ Aceptamos tarjetas de crédito: VISA, MasterCard y American Express.

OFERTAS ESPECIALES

20% de descuento para grupos de estudio. Deberá ordenar por lo menos cinco copias del mismo libro para obtener el descuento.

4-6 semanas para la entrega de cualquier artículo. Tarifas de correo pueden cambiar.

CATÁLOGO GRATIS

Ordene una copia de Llewellyn Español. Allí encontrará información detallada de todos los libros en español en circulación y por publicarse. Se la enviaremos a vuelta de correo.

LLEWELLYN ESPAÑOL

P.O. Box 64383, Dep. 0-7387-647-7
Saint Paul, MN 55164-0383

1-877-526-2442

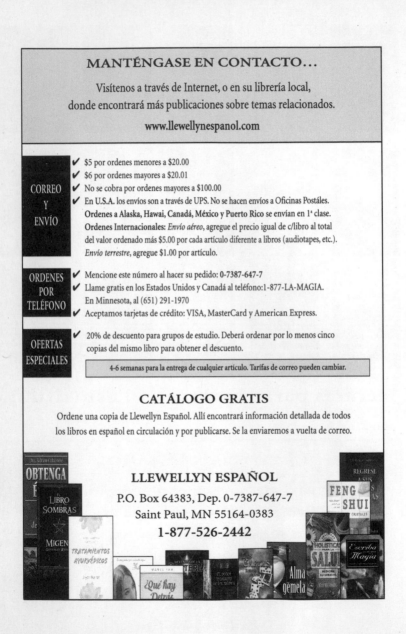